Edgar E. Schaetzing
Lean Management in Hotellerie und Gastronomie

Edgar E. Schaetzing

Lean Management in Hotellerie und Gastronomie

Rationalisierungs- und Marketingideen
für die tägliche Praxis

DEUTSCHER FACHVERLAG

Die Deutsche Bibliothek – CIP - Einheitsaufnahme

Schaetzing, Edgar E.:
Lean Management in Hotellerie und Gastronomie:
Rationalisierungs- und Marketingideen für die tägliche Praxis /
Edgar E. Schaetzing.- Frankfurt am Main: Dt. Fachverl., 1995
ISBN 3-87150-480-7

ISBN 3-87150-480-7
© 1995 by Deutscher Fachverlag GmbH, Frankfurt am Main
Alle Rechte vorbehalten.
Nachdruck, auch auszugsweise, nur mit Genehmigung des Verlages.
Umschlaggestaltung: Friederike Simmel, Offenbach am Main
Druck und Bindung: Lengericher Handelsdruckerei, Lengerich

Vorwort

Aus der aktuellen Managementliteratur ist das Modewort *lean* (schlank) nicht mehr wegzudenken. Von Lean Production, Lean Organisation, Lean Marketing, Lean Service bis hin zum *Lean Management* scheint das japanische Toyota-Managementsystem[1] alle Bereiche der Wirtschaft infiziert zu haben.

In den Mittelpunkt wird der Nutzen für den Gast (Kundennutzen) als einzige echte Wertschöpfung gestellt. Alles andere, was in gastgewerblichen Betrieben an Produkten und Dienstleistungen erbracht wird und nicht den *Produktwert* erhöht, gilt nicht als *wertschöpfend* – also als Verschwendung – und wird zur Rationalisierung freigegeben.[2]

Lean Management in Hotellerie und Gastronomie darf nicht als kurzfristiges Kostensenkungsprogramm verstanden werden.

Lean Management hat immer zwei Dimensionen:

- *Steigerung des Nutzens für den Gast (Wertschöpfung) und*
- *Rationalisierung der Verschwendung*

So wurden in diesem „Arbeitsbuch" für die Bereiche Food & Beverage, Beherbergung und Administration Marketingideen, Qualitätsverbesserungsvorschläge sowie Rationalisierungsvorschläge aus der Praxis gesammelt und zur persönlichen Auswertung dargestellt.

Mit den Erinnerungsstützen: *überprüfen, wird gemacht, verbessern, nicht anwendbar, Ideen* und *Aktion* kann der Praktiker mit seinen Mitarbeitern ein eigenes und maßgeschneidertes Lean Management-Konzept erarbeiten. Schon die gastorientierte Übersetzung einer einzigen *leanen Idee* für den eigenen Betrieb läßt diese Mühe wertschöpfend erscheinen.

Edgar E. Schaetzing
München, im Herbst 1994

---

[1] Vgl. ausführlich Bösenberg/Metzen, Lean Management.
[2] Vgl. Kropfberger, Lean Management und strategische Konsequenzen für die Unternehmensführung, CESCE-Konferenz, Wien, Juni 1993 Vortragsunterlagen S. 7.

INHALTSÜBERSICHT

		Seite
I.	Lean Management im Gastgewerbe	9
II.	Zehn Schritte zur schlanken Managementkonzeption	21
III.	Stehen Produktivität und Qualität in unauflösbarem Widerspruch?	39
IV.	Rationalisierung und Qualitätssicherung im Food und Beverage-Bereich	49
V.	Rationalisierung und Qualitätssicherung im Beherbergungsbereich der Hotellerie	107
VI.	Rationalisierung und Qualitätssicherung der Administration in Hotellerie und Gastronomie	163
VII.	Integriertes Qualitätssicherungskonzept	219
VIII.	Umorientierung im Dienstleistungsgeschäft der Hotellerie und Gastronomie	227
	Literaturverzeichnis	237

I.
Lean Management im Gastgewerbe

I. Lean Management im Gastgewerbe

Braucht die Hotellerie und Gastronomie schon wieder eine neue Managementtechnik? Nein! Die Zukunft verlangt nach „schlanken" Betrieben, die mit ihrer Unternehmensführung gastgewerbliche Produkte und Dienstleistungen mit erheblich geringerem Aufwand als bisher in vorzüglicher und gastorientierter Qualität anbieten. Erfolge in der Vergangenheit können die Stolpersteine der Zukunft sein! Als komplexes System will Lean Management mehr Produktivität, Flexibilität und Qualität. Die „schlanke" Unternehmensführung versucht, im Rahmen einer ungewöhnlichen Finanzstrategie mit sehr wenig Kapital auszukommen, und schafft ein besonderes Verhältnis zu Gästen, Öffentlichkeitspartnern, Lieferanten und Mitarbeitern. Unter Vermeidung jedweder Verschwendung stellt Lean Management den Menschen in den Mittelpunkt unternehmerischen Geschehens.[3]

Es geht um die Erschließung der quasi „kostenlosen" Ressourcen menschlicher Intelligenz mit sehr viel Investition in die Qualifikation aller Mitarbeiter, um sich dem totalen Qualitätsprinzip (Total Quality Management) verschreiben zu können. Die „Verschlankung des Unternehmens" ist ein in sich geschlossenes Gesamtsystem und auch nur als Ganzes effizient. Schlanker Wandel verlangt nicht radikale Veränderungen zum Bestehenden. Unter dem Motto „Bewahren des Bewährten" neigt aber das traditionelle Management allzu leicht dazu, sich auf seinen Lorbeeren auszuruhen.

Lean Management will die zukunftsorientierte, intelligente und konsequente Weiterentwicklung der unternehmenseigenen Stärken und Chancen. Die „Fitneß-Tour" zum schlanken Unternehmen endet nie. Im Mittelpunkt steht kein „überreiztes Abmagern"[4], sondern eine integrierte, abgestimmte und ganzheitliche Schlankheitskur: „Offensiv und behutsam, traditionell und anpassungsbereit, konsequent und flexibel, kräftig und schlank!"[5]

Der folgende Überblick will Interesse für das „schlanke Management" in Hotellerie und Gastronomie wecken. Dabei sollen die angesprochenen Managementregeln und Todsünden für den gastgewerblichen Betrieb der Zukunft nicht als Rezepte oder Ersatz für ein individuell maßgeschneidertes Managementkonzept im eigenen Betrieb verstanden werden.

---

[3] Vgl. Höhler, Spielregeln für Sieger, S. 25.
[4] Vgl. ausführlich Biehal, Lean Service.
[5] Bösenberg/ Metzen, Lean Management, S. 10.

Schlank bedeutet ...

- Besinnung auf traditionelle Dienstleistungsqualität, ohne den Wertewandel und die sich ständig ändernden Qualitätsforderungen der Gäste zu vernachlässigen
- marktorientierte Dienstleistungsvielfalt agierend mit weniger Aufwand zu entwickeln
- besseren Qualitätsservice immer kostengünstiger zu leisten
- permanente Marktbeobachtung, um den Wünschen und Erwartungen des Gastes zu entsprechen
- Verpflichtung zur Partnerschaft zwischen Unternehmensleitung, Gästen, Öffentlichkeitspartnern, Lieferanten und Mitarbeitern
- mit mehr Informationen zu mehr marktgerechter Flexibilität
- Abbau und Entfrachtung von Dienstleistungen, die der Gast nicht mehr bereit ist zu honorieren (Klärung der Finanzierbarkeit)
- volle Nutzung des verfügbaren Kapitals: Intelligenz, Erfahrung und Engagement aller Mitarbeiter auf allen Ebenen
- das „innere Marketing": Mitarbeiter sind Gäste der Führung
- der Mitarbeiter darf dem Gast nicht nachgeordnet werden und vice versa ...
- teamverantwortliche Entwicklung, Verbesserung und Sicherung aller Abteilungen des Betriebes
- Erhöhung der Mitarbeitereinsatzflexibilität und Mitarbeiterqualifikation (fachlich und soziale Kompetenzen)
- „Null-Fehler-Strategie": eine permanente und präventive Qualitätssicherung in allen Bereichen[6]
- Förderung von Eigeninitiative, Mut zu neuen Gedanken, offene Kommunikation, Teamgeist, Qualitätsdenken und Gastorientierung
- Informationen statt Daten – Kennzahlen als Frühwarnsystem für jeden Bereich
- Konzentration auf Gastkontaktabteilungen, Rationalisierung im Verwaltungs- und Produktionsbereich
- ständige Stärken- und Schwächenanalyse mit allen beteiligten Mitarbeitern

---

[6] Vgl. ausführlich zur Qualitätssicherung
z.B. Schaetzing, Qualitätssicherung in Hotellerie und Gastronomie, S. 22ff.

- Zahlentransparenz für Mitarbeiter – gemeinsame Zielsetzungen und Planung
- Einführung von Anreizen, die ein „leankonformes" Verhalten fördern
- Flexibilität und Dynamik für Strategien und strukturelle Veränderungen, Innovationskraft der Mitarbeiterteams, kreative Unruhe
- Führungskräfte, die im Klima des Vertrauens mit positiver Einstellung vorbildliches teamorientiertes Führungsverhalten zeigen
- „schlank nach innen": Vermeidung jeder Verschwendung von Arbeitszeit, Waren- und Materialeinsatz und Ideenreichtum der Mitarbeiter

Im Mittelpunkt steht
kein überreiztes Abmagern,
sondern eine integrierte,
abgestimmte und ganzheitliche
Schlankheitskur:

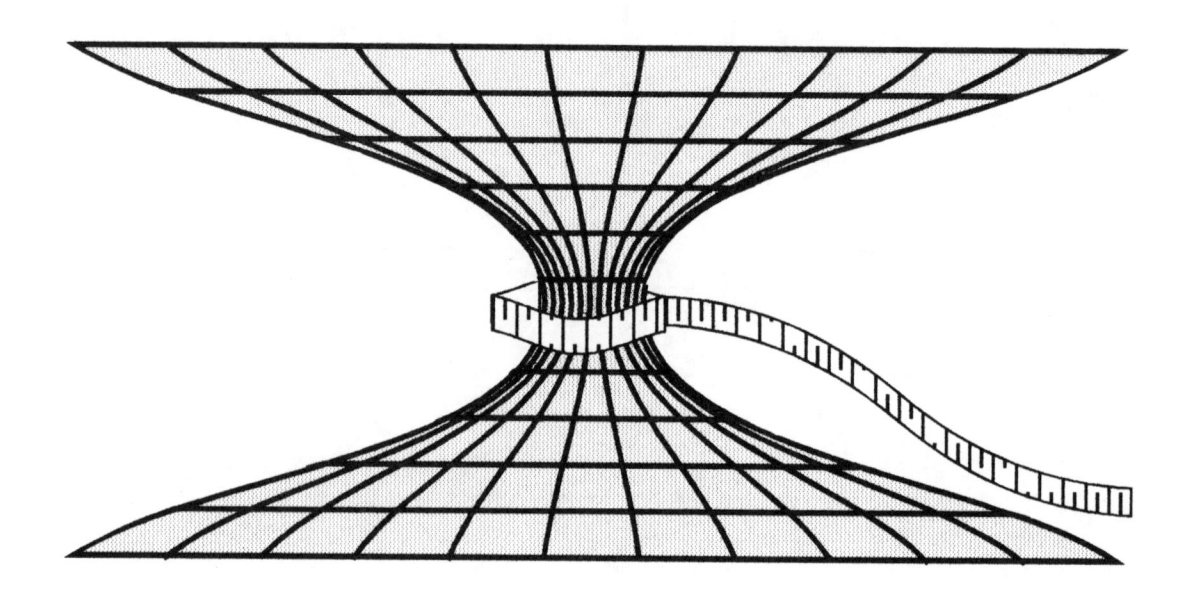

Offensiv und behutsam,
traditionell und anpassungsbereit,
konsequent und flexibel,
kräftig und schlank!

Schlankes Management:

25 Managementregeln und Todsünden für den gastgewerblichen Betrieb der Zukunft

1. Eine hilfreiche Hand finden Sie am Ende Ihrer Arme
Verlassen Sie sich nicht auf die Hilfe und Unterstützung anderer. Die geistige Vorratskammer des schlanken und fitten Wirtschaftens liegt bei Ihnen und Ihren Mitarbeitern. Der fast vergessene Typus des „Ärmel-Aufkremplers" der früheren Wirtschaftswunderjahre feiert heute sein Comeback.

2. Servieren Sie als Beilage „Rentabilität"
Gewinn ist das Benzin Ihres Betriebes. Verlangt wird Sparsamkeit nach innen. Konzentrieren Sie Ihr Angebot. Trennen Sie sich von unrentablen Produkten und Dienstleistungen, die der Gast auch nicht mehr bereit ist, entsprechend zu honorieren.

3. Nehmen Sie keine Kredite auf, die länger leben als Sie
Schlankes Management versucht mit möglichst wenig (Fremd-)Kapital auszukommen. Lassen Sie sich von seriösen Branchenspezialisten zum „Schuldenmanagement" beraten. Von Gewinnen oder Verlusten darf man nicht überrascht werden. Kenntnisse der Mindestumsätze, Gewinnschwellen für jeden Bereich des Betriebes zusammen mit realistischen, vorausschauenden Wirtschaftlichkeitsberechnungen gehören zum Mise en place eines gastgewerblichen Unternehmens.

4. Führen Sie Ihren Betrieb mit der Tabelle „Gold"
Ermitteln Sie die gesamten Personalkosten für jeden einzelnen Mitarbeiter pro Minute und Stunde. Erstellen Sie gestaffelte, professionelle Freizeitpläne (= Dienstpläne) mit und für Ihre Mitarbeiter. Wer Dienstpläne schreibt, stellt Schecks aus! Verschwenden Sie kein Humankapital! Schauen Sie Ihren Mitarbeitern täglich eine Minute lang in die Augen – sie sind das wertvollste Kapital, das Sie haben.

5. Jeder Wirt ist auch Betriebswirt
Sie können nicht zuviel rechnen. Alternative Problemlösungen müssen sich „rechnen". Kopieren Sie nicht die Preise Ihrer Nachbarn. Zeitgemäße Deckungsbeitragskalkulationsformen gehören zum Handwerkszeug eines fortschrittlichen Unternehmens. Wer heute nicht rechnet, mit dem ist bald nicht mehr zu rechnen.

6. Sparen Sie nach „innen"
Gehen Sie konsequent gegen jede Art von Verschwendung vor. Achten Sie auf Zeitfallen. Stellen Sie Ihre stündlichen Umsätze Ihren stündlichen Personalkosten gegenüber. Rationalisieren Sie nur bis zum Gast, nie mit dem Gast.

7. Nutzen Sie den Gast als preiswerten Betriebsberater
Der Gast sieht anders als ein Gastronom. Seine Wünsche und Erwartungen ändern sich. Ausgewertete Gästebefragungen – mit dem Ohr beim Gast – helfen Ihnen, Ihr marktgerechtes Angebot anzupassen. Reagieren Sie einfühlsam und flexibel auf den Wertewandel bei Ihren Gästezielgruppen.

8. Keiner weiß soviel wie wir alle zusammen
Sie beschäftigen keine Mit-Arbeiter, sondern Mit-Denker. Die besten Ideen zur Arbeitserleichterung, Qualitätsverbesserung für den Gast, zu Verkaufsförderungsmaßnahmen und Kosteneinsparungen können von Ihren Mit-Denkern kommen. Ihr Spüler denkt auch! Ermuntern Sie zur Kreativität. Verwirklichen Sie Verbesserungsvorschläge gemeinsam.

9. Kochen Sie Ihre Prospekte und Werbung nicht selbst
Für Werbematerial und umfassende Marketingkonzeptionen gibt es Branchenspezialisten. Nutzen Sie entsprechende Beratungen wie Dienstleistungen. Wer nicht fragt – weiß alles. Werten Sie einschlägige Seminare und Fachliteratur für Ihren Betrieb aus.

10. Ihr Mitbewerber hat ähnliche Probleme
Überprüfen Sie sämtliche Kooperationsmöglichkeiten (Einkauf, Mitarbeiterschulung, Marketing, Kostenmanagement) mit Ihren Kollegen. Gemeinsam sind wir stärker!

11. Zurück in die Zukunft – Seien Sie der Entwicklung stets einen Schritt voraus
Auch arbeitsrechtliche Bestimmungen sind voraussehbar. Warten Sie nicht auf den Gesetzgeber. Üben Sie die Zukunft in der Gegenwart. Fortschrittliche gastgewerbliche Unternehmer sind als Pioniere ihrer Zeit stets allen absehbaren Entwicklungen einen Schritt voraus.[7]

12. Der Tod liegt in der Mittelmäßigkeit
Farblose gastronomische Einheitsbetriebe sind am stärksten gefährdet. Lieber zwanzig Speiseartikel professionell vermarkten als dreißig mittelmäßig. Weg von mittelmäßigen Gemischtwarenläden der Gastronomie,

---

[7] Vgl. z.B. Pompl, Lean Management.

die alles und nichts richtig können. Verwechseln Sie nicht Spezialisierung mit Profilierung.

13. Verstärken Sie Ihre Stärken
Versuchen Sie nicht, allen Gästen alles zu bieten. Machen Sie eine Schlankheitskur bei Ihren Schwächen, und stellen Sie Ihre Stärken ins rechte Licht. Lassen Sie Ihre Stärken zum unverwechselbaren Markenzeichen Ihres Betriebes werden.

14. Verwechseln Sie nicht Datenverarbeitung mit Informationsaufbereitung
Im Zeitalter des Computers muß man sich rechtzeitig besinnen, welche Daten und Informationen zur wirtschaftlichen Betriebsführung Ihres Betriebes überhaupt erforderlich sind. Kein Betrieb ist so wie der andere; der Informationsbedarf ist unterschiedlich. Lassen Sie sich mit vorgefertigten Programmen nicht über einen Kamm scheren. Entwickeln Sie Ihr eigenes Kennzahlensystem als Frühwarnsystem. Datenverarbeitung ist Serviceleistung und kein Selbstzweck.

15. Lernen Sie Zeitmanagement
Verschwenden Sie nicht Ihre und die Zeit Ihrer Mitarbeiter. Setzen Sie Prioritäten und „verschieben Sie nicht Ihr Leben". Es gibt keinerlei direkte Beziehung zwischen Ihrem persönlichen Zeiteinsatz und dem Erfolg Ihres Betriebes.

16. Behandeln Sie Ihre Mitarbeiter wie Ihre Gäste
Das kommende Jahrzehnt gehört dem „inneren Marketing" in Hotellerie und Gastronomie. Die Mitarbeiterführung und Motivation ist unmittelbare Qualitätsquelle für den Erfolg im Markt. Kümmern Sie sich um „Qualitäts-Sterne" für die Mitarbeiterbehandlung im Gastgewerbe. Nicht nur die Wünsche der Gäste haben oberste Priorität im Unternehmen. Ihre Mitarbeiter verkörpern Gästeerwartungen. Mitarbeiterführung geschieht eigentlich auf einem ins Unternehmen vorgeschobenen Vorposten des Gastes.

17. Magern Sie nicht bei der Qualitätsdienstleistung für Ihre Gäste ab
Bei integrierten, abgestimmten und ganzheitlichen Schlankheitskuren geht es sicherlich immer darum, Kosten, Zeit, Wareneinsatz und Personal einzusparen – bei gleichzeitiger Erhöhung der Dienstleistungsqualität für den Gast und der Produktivität für den gastgewerblichen Betrieb.

18. Qualität ist immer Teamleistung
Wir sind so gut wie unsere Mitarbeiter. Nicht die Einzelleistung allein, sondern die Teamleistung steht im Vordergrund. Teamarbeit ist zur Zau-

berformel betrieblicher Innovation avanciert. Teams denken ganzheitlicher als der einzelne. Das Team nimmt mehr Informationen auf, erkennt mehr Probleme und hat ein größeres Problemlösungsvermögen. Interner Wettbewerb ist zu vermeiden. Mitarbeiterteams im Betrieb sollten einander wie Gäste behandeln. Gastorientierung ist auch betriebsintern gültig. Hochwertige Serviceleistungen werden von motivierten Mitarbeiterteams für andere Abteilungen erbracht.

19. Verschreiben Sie sich der Null-Fehler-Strategie
Es ist schon immer leichter gewesen, einen Gast zum Wiederkommen zu bewegen als einen neuen Gast zu gewinnen. Ihre Mitarbeiter sind Botschafter der Qualität. Qualitätssicherung als Präventivmaßnahme – die Null-Fehler-Strategie ist besser als nachfolgende Qualitätskontrolle. Qualität ist eine Summe von Selbstverständlichkeiten, die von allen Mitarbeitern mit der Liebe zum Detail von vornherein stets fehlerfrei gelöst wird.

20. Werden Sie nicht zur Schallplatte
Standardisieren Sie Ihren Betrieb. Checklisten für Routinearbeiten sorgen für Arbeitserleichterungen, Festlegung von Prioritäten, Möglichkeiten zur Delegation, Erfolgsbestätigung und führen zur Qualitätssicherung und Arbeitsverbesserung.

21. Machen Sie Urlaub wie ein „Japaner"
Lernen Sie von Ihren Kollegen. Bekämpfen Sie Ihre ganz natürliche Betriebsblindheit. Halten Sie Ihre Augen offen für Verbesserungen und Ideen. Machen Sie Urlaub in Betrieben, die ein wenig besser sind als Ihr eigener Betrieb. Stellen Sie Ihre Leistungen immer wieder in Frage. Jeder Service läßt sich verbessern.

22. Lassen Sie Ihre Mitarbeiter „rotieren"
Kümmern Sie sich ständig um die Verbesserung der Mitarbeiterqualifikation (fachliche und soziale Kompetenzen). Es ist teuer zu schulen, aber es ist teurer, es nicht zu tun! Erhöhen Sie die Mitarbeitereinsatzflexibilität durch „Jobrotation". Sie steigern damit Rücksichtnahme und Verständnis füreinander.

23. Tradition ist todsicher
Verharren Sie nicht abwartend in tradierten Problemlösungsmustern und Handlungsweisen. Gewohnheiten, Unsicherheit dem Neuen gegenüber, Betriebsblindheit und Risikoaversionen helfen, die Zeichen der Zeit zu verdecken. Veränderungsbereitschaft läßt agieren und nicht nur reagieren. Vorausdenken und Planen sorgen für die Vermeidung künftiger Probleme.

24. Erwarten Sie das Positive – aber helfen Sie ein wenig nach

Handlungen lösen Gefühle aus, so wie Gefühle Handlungen. Positive Einstellung und realistischer Optimismus sind der Magnet Ihres Erfolges. Erfolg ist die positive Verwirklichung Ihrer Ziele. Gastronomen, die das Positive erwarten, werden es auch erreichen.

25. Verwirklichen Sie die Methode der kleinen Schritte

Es gibt keine endgültigen Zielvorstellungen, sondern nur Schritte in die richtige Richtung. Bei richtig verstandenem „Schlankheits-Management" steuert das Feedback auf die kleinen, beherrschten Schritte den nächsten Schritt. Kleine Schritte im Management auf sicherer Basis sorgen für Motivation durch ständigen Fortschritt.

II. Zehn Schritte zur schlanken Managementkonzeption

II. Zehn Schritte zur schlanken Managementkonzeption

Lean Management ist zwar ein überwiegend von japanischen Unternehmen verwendetes Managementsystem, die dahintersteckenden Strategien, Leitgedanken und Managementinstrumente entsprechen aber unserem Verständnis einer westlichen, fortschrittlichen Industriekultur. Es besteht kein Zweifel, die Industrie und viele Dienstleistungsunternehmen sind der Dienstleistungsbranche Hotellerie und Gastronomie in ihrem Denken und Handeln mit ihren Managementmethoden oft ein Stück voraus. Das kann auch Vorteile für das Hotel- und Gaststättengewerbe beinhalten. Wartet man doch erst den Erfolg oder Mißerfolg der „industriellen Vorreiter" ab und kann dann branchengerecht das Positive, das schon Bewährte auf die spezielle Problematik des Gastgewerbes zu übertragen suchen.

Lean Management gehört zu den erfolgreichsten Managementkonzeptionen der letzten Jahre. Da es hier nicht um eine radikale Managementalternative geht, sondern mehr um eine intelligente und konsequente Weiterentwicklung der unternehmenseigenen Stärken und Chancen, erscheint eine Konzeption zur Verschlankung der Hotellerie und Gastronomie besonders passend und praxisrelevant zu sein. Lean Management startete in Japan in einer Depressionsphase und mußte mit sehr wenig Kapital auskommen. Die kumulierte Überlegenheit des Lean Managements gegenüber anderen Managementphilosophien konnte nur durch die Erschließung und Nutzung des verfügbaren Kapitals Intelligenz, Erfahrung und Engagement aller Mitarbeiter erreicht werden. Not machte erfinderisch: Mit gleichzeitiger und gleichgewichtiger Hinwendung zu Produktivitätsverbesserung, Innovation, Marketing, Qualitätssteigerung und Gastorientierung unter Vermeidung von Verschwendung von Arbeitszeit, Ideenreichtum der Mitarbeiter sowie Waren- und Materialeinsatz gehört das „schlanke Denken" zu den erfolgversprechenden Managementkonzeptionen für Dienstleistungsbetriebe.

Natürlich wird das „Abspecken" ohne „geistige Diät" nur von kurzer Dauer sein können. So wertet man Lean Management weniger als einen „Systemzustand", sondern eher als Entwicklungstendenz; die Reise in die schlanke Zukunft des Gastgewerbes endet nie. Es geht um ein zukunftsoffenes, flexibles, gastorientiertes, leistungs- und entwicklungsfähiges Managementsystem. Als komplexes, integriertes Gesamtsystem rückt es das schlanke Wirtschaften in den Mittelpunkt des Bewußtseins und trägt zur Entwicklung des Unternehmens als „Großfamilie" mit Mitarbeitern, Lieferanten, Unternehmer und Gästen bei. Der Wechsel zur leanen Unternehmenskultur erfolgt behutsam, flexibel, anpassungsbereit, effizient und „schlank".[8]

Im folgenden Kapitel soll versucht werden, die von Bösenberg und Metzen gesammelten und gewerteten Lean-Management-Konzepte der Industrie fach- und praxisgerecht auf die Belange der Hotellerie und Gastronomie zu übertragen. In zehn Schritten wird die mögliche Entwicklung zu einem schlanken Managementkonzept für das Gastgewerbe vorgestellt.

Die innere Geisteshaltung „Vorsprung durch schlanke Konzepte" ist ein Gebot der Stunde.

---

[8] Die zehn Arbeitsprinzipien des Lean Managements wurden von Bösenberg und Metzen, Lean Management, S. 67-124, für Industriebetriebe entwickelt.

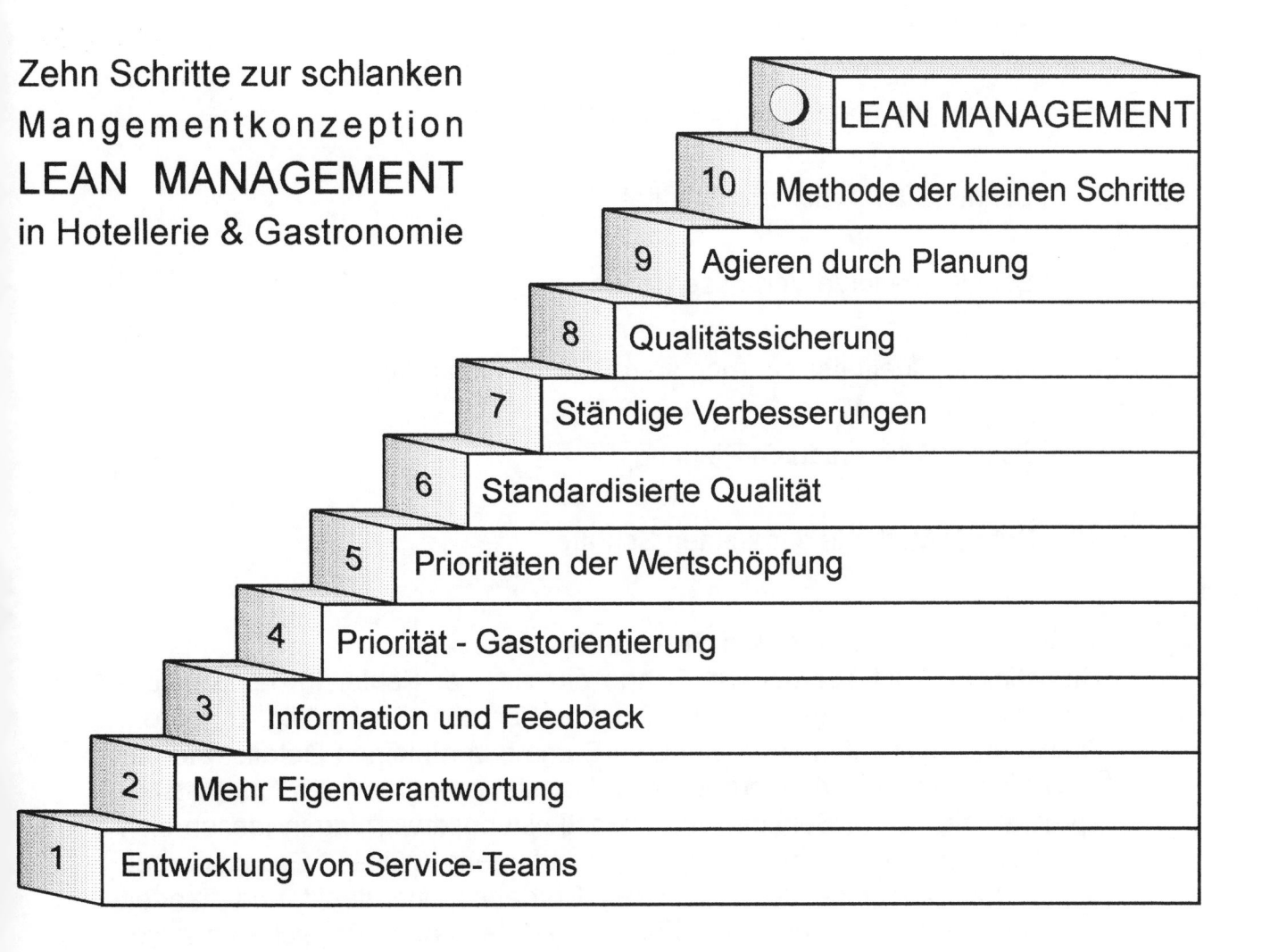

Zehn Schritte zur schlanken
Mangementkonzeption
LEAN MANAGEMENT
in Hotellerie & Gastronomie

- LEAN MANAGEMENT
- 10 Methode der kleinen Schritte
- 9 Agieren durch Planung
- 8 Qualitätssicherung
- 7 Ständige Verbesserungen
- 6 Standardisierte Qualität
- 5 Prioritäten der Wertschöpfung
- 4 Priorität - Gastorientierung
- 3 Information und Feedback
- 2 Mehr Eigenverantwortung
- 1 Entwicklung von Service-Teams

Zehn Schritte zur schlanken Managementkonzeption (Lean Management)

1. Schritt: Entwicklung von Service-Teams
   ↓
2. Schritt: Mehr Eigenverantwortung
   ↓
3. Schritt: Information und Feedback
   ↓
4. Schritt: Priorität – Gastorientierung
   ↓
5. Schritt: Prioritäten der Wertschöpfung
   ↓
6. Schritt: Standardisierte Qualität
   ↓
7. Schritt: Ständige Verbesserungen
   ↓
8. Schritt: Qualitätssicherung statt Qualitätskontrolle
   ↓
9. Schritt: Agieren durch Planung
   ↓
10. Schritt: Methode der kleinen Schritte

1. Schritt: Entwicklung von Service-Teams

Dienstleistung ist Teamarbeit. Schon ein einziger Fehler in der Servicekette kann das gastgewerbliche Erlebnis für den Gast völlig zerstören. Dienstleistungsqualität ist dabei eine Summe von kleinen Details, die nur in Teamarbeit geleistet werden kann. Die stetig wachsenden Qualitätsansprüche, die hohen Service- und Dienstleistungserwartungen lassen sich von fachlich guten „Einzelkämpfern" nicht mehr erfüllen. Gruppenarbeit bildet das Herzstück des schlanken Betriebes, sie denkt und handelt ganzheitlicher als der einzelne. Führungskräfte in allen Bereichen der Hotellerie und Gastronomie werden zu Teammanagern, die es verstehen, mit ihrem Mitarbeiterteam gemeinsam mehr zu erreichen als jeder einzelne. Das Pionierzeitalter mit dem alles könnenden und beherrschenden Hotelier und Gastronomen, der allein denkt, ausführen läßt und kontrolliert, ist schon lange vorbei. Zum leanen Management gehört die Erschließung der quasi kostenlosen Intelligenz aller Mitarbeiter. Wer es heute im Gastgewerbe nicht versteht, sein Humankapital mit in den Entscheidungsprozeß, bei den Zielformulierungen und Problemlösungen und auf dem Weg zur permanenten Qualitätsverbesserung systematisch in gegenseitigem Vertrauen mit einzubeziehen, verschenkt nicht nur Leistungsreserven; er wird besseren Qualitätsservice immer kostengünstiger nie leisten können. Die Vorteile von Teamarbeit sind unbestritten: Das Serviceteam nimmt mehr Informationen auf; das Problemlösungsvermögen der Gruppe ist weit größer als die Summe der einzelnen.

Im Team erst werden die Mitarbeiter als Kapital gewertet und nicht als Personalkosten. Teamfähige „Coachs" und „Trainer" als Abteilungsleiter müssen für ein „Zusammenrücken, Zusammentragen und Zusammenumsetzen" in ihrem Servicebereich sorgen. Dabei wird im Team der Mut zu neuen Gedanken und die Initiative des einzelnen keineswegs unterdrückt, sondern vielmehr gefördert zum Nutzen für das Team. Lean Management fragt jedes Teammitglied nach Ideen zur Verbesserung der persönlichen Arbeit.

Die Verpflichtung zur Partnerschaft – von der Direktion bis hin zum einfachsten Mitarbeiter – steht im Vordergrund. Im Hotel ist das wie bei einer Fußballmannschaft: Nicht die geniale Einzelleistung eines Mitarbeiters sichert langfristig einen Erfolg, sondern das aufeinander abgestimmte Teamverhalten. Fortschrittliche Unternehmen arbeiten schon seit Jahren mit dem Qualitätszirkelkonzept. Das Team kümmert sich nicht nur um die Dienstleistungsaufgaben im engeren Sinne, sondern auch um die Qualifizierung der Mitarbeiter. Einarbeitung, Weiterbildung und Höherqualifizierung werden von dem Serviceteam getragen. Teams entdecken und beseitigen schneller Servicefehler und sind durch Offenheit und Kritikfähigkeit bei den Teambesprechungen als Quelle ständiger Verbesserungen zu sehen. Lean Management will extrem kleine Managementebenen, die für wesentlich mehr Entscheidungsfreiheit und Einzelverantwortung der verschiedenen Abteilungen sorgen.

2. Schritt: Mehr Eigenverantwortung

Verantwortung von Abteilungsleitern – jetzt Teamleiter – wird an die Stelle delegiert, wo die Serviceleistung geplant, durchgeführt und ständig verbessert wird, nämlich zum Serviceteam. Die Hinwendung im Lean Management zur Team- und Mitarbeiterorientierung erfolgt mit der klaren Aufforderung zu mehr Eigenverantwortung des einzelnen Mitarbeiters. Teamarbeit entbindet den einzelnen nicht von seinem Verantwortungsbewußtsein. Im Lean Management gehört die Verantwortung in die Hände derjenigen, die die Serviceleistungen zu erfüllen haben. Verantwortung kann nur jemand tragen, der die nötigen Informationen und die erforderliche Kompetenz besitzt. Die aufgabenmäßige Verantwortung aller Abteilungen läßt einen verantwortlichen Mitarbeiter zu einem „unternehmerischen Dienstleistungsfaktor" avancieren.

Lean Management stellt die Verantwortung der Führungskräfte keineswegs in Frage, betont aber die Verantwortung jedes einzelnen Mitarbeiters für seine direkte Dienstleistung, für seinen Arbeitsplatz und seine Ergebnisse. Eigenverantwortung bedeutet auch, daß der einzelne Mitarbeiter im Rahmen seines Teams je nach Erfordernissen – den Gästewünschen entsprechend – selbständig und ohne exakte Anweisungen seines Vorgesetzten arbeiten darf.

Bei Problemen hilft das Team im Sinne der übergeordneten Gesamtzielsetzung: der Erfüllung von Gästewünschen; nur die positive Teamleistung zählt als schlanke Leistungsfähigkeit. Die Verantwortung gehört an den Ort des Dienstleistungsgeschehens. Eigenverantwortung steigert Motivation und Leistungsbereitschaft der einzelnen Teammitglieder. Die Gegenseitigkeit der Verantwortung wird vor allem durch die gemeinsame Zielsetzung und die von den Teammitgliedern gemeinsam vereinbarten Entscheidungen verstärkt. Wer mitreden, mittragen, mitverantworten darf, wird auch konsequent, schnell und motiviert mit flexibler Selbsthilfe Leistungen erbringen. Jeder Mitarbeiter muß wissen, was zu tun ist, und übernimmt dabei ein Höchstmaß eigener Verantwortung für das Qualiätsniveau der erbrachten Dienstleistungen.

Die Gruppenverantwortung sorgt für Vermeidung von Schlendrian innerhalb des Teams. Das mitgestaltende und nicht nur ausführende Arbeitsverhalten erhöht die Leistungsbereitschaft des einzelnen Mitarbeiters, reduziert den Kontrollaufwand, steigert das Verbesserungsinteresse und die Sensibilität für Gästeerwartungen.

3. Schritt: Information und Feedback

Das Team nimmt mehr Information auf und erkennt auch mehr Serviceprobleme. Hoher Informationsstand sorgt für problemlose gegenseitige Verständigung. Zum Lean Management gehört das Feedback, die Information, die Erfolgsmeldung über die Soll-Ist-Leistung. Dienstleistung ohne Feedback ist „tote Arbeit". Wenn der Hotelier und Gastronom seine Erfolgserlebnisse, die erfolgte Gästezufriedenstellung, beim Studium seiner Bilanzen und seiner Gewinn- und Verlustrechnungen erfährt, so muß auch ein Spüler den Erfolg seines Beitrages als Feedback erfahren.

Lean Management belebt die Dienstleistungen durch „anregende" Rückmeldung. Jedes gastgewerbliche Unternehmen braucht ein Klima der Offenheit, der Mitverantwortung und Wirklichkeitsnähe. Der Gast ist unser stärkster Kritiker. „Wer schlechte Nachrichten scheut, wird nie wirklich gute erhalten". Negatives Feedback legt Qualitätsprobleme offen und wird als gemeinsame Herausforderung angesehen, nicht aber als individuelle Schwäche.

So sollte auch mit mehr Information mehr Zahlenbewußtsein bei den Gastkontaktabteilungen der Hotellerie und Gastronomie geschaffen werden. Umsätze und Gewinne werden nicht in der Buchhaltung geleistet, sondern am Empfang oder im Restaurant. Schnelle und regelmäßige Detailinformationen über die erbrachten Leistungen zeigen Zielerreichung auf und dienen als Ansporn für zukünftige Teamleistungen. Feedback macht Unsichtbares sichtbar, schärft den Realitätssinn, spart Zeit und hilft, betriebliche und persönliche Kompetenz zu steigern. Umfassendes unmittelbares und detailliertes Feedback gilt auch als Vorbedingung für die Umsetzung der anderen Arbeitsschritte zur Entwicklung einer schlanken Unternehmenskonzeption.

4. Schritt: Priorität – Gastorientierung

Die uneingeschränkte Hinwendung und Verantwortung zu gastorientiertem Service erhält ihren Lohn in Form einer dauerhaften Gästebindung – aus Zufallsgästen werden Stammgäste. Der Gast bekommt das Beste, was wir im Rahmen unserer Möglichkeiten leisten können. Die Service- und Angebotsgestaltung, der Einkauf, die Küchenproduktion und alle Freizeitleistungen sind nachfrageorientiert.

Mit steigendem Anspruchsdenken der Gäste müssen alle Dienstleistungen immer wieder von neuem hinterfragt und zielgruppengerecht auf die Gästebedürfnisse abgestimmt werden. Dabei dürfen Gäste nicht als belegtes Zimmer oder Restaurant-Couverts eingestuft und behandelt werden. Lean Management ohne Gästeorientierung ist wie Liebe ohne Partner.

Als wichtigstes Einzelelement des Lean Management zählt das japanische „KANBAN" = produktionsinterne Kundenorientierung. Für die Hotellerie und Gastronomie bedeutet das: Der Gast ist unser Chef. Auch im Massentourismus will der einzelne Gast als Individuum und nicht als Zahl behandelt werden.

Der Aufbau, die Entwicklung und die Fortschreibung einer aussagefähigen Gästekartei sowohl am Hotelempfang als auch im Restaurant kann als Grundlage für einen persönlichen Service dienen. Servicenachbesprechungen, die Erfassung von Stärken und Schwächen des Service bei organisierten Bankett-, Konferenz- und Tagungsgeschäften, sorgen für ständige Verbesserungsmöglichkeiten der Servicepalette. Gerade bei Wiederholungsveranstaltungen muß die Liebe zum Detail für eine Vertrauensbasis zwischen dem Unternehmen und dem Veranstalter sorgen. Die dann stärkere Bindung zum Betrieb ermöglicht über Qualitätsverbesserungen die Akzeptanz höherer Verkaufspreise. Gästezufriedenheit ist meßbar und planbar. Mit entsprechenden Gästebefragungen (Gästefragebögen) und deren abteilungsbezogenen Auswertungen läßt sich der Gast als preiswerter Betriebsberater mit einbinden. Diese direkte Einbindung der Gäste im Bereich der Angebotsgestaltung, Dienstleistungsplanung, Marktforschung und der Verkaufsförderung kann zu erheblichen Einsparungen führen.

Lean Management sucht eine harmonische, schöpferische und dauerhafte Beziehung zum Gast. Höhere Markttransparenz seitens der Gäste führt zwangsläufig zu weniger Verständnis für schlechte Dienstleistungen. Hoteliers und Gastronomen glauben oft zu wissen, was der Gast will. Aber der Gast sieht anders – mit anderen Augen als der Fachmann. Das Dauerziel: Höhere Gästezufriedenheit kann nur durch kompromißlose Zuwendung zum Gast und der konstanten Erfüllung von Gästeerwartungen erfüllt werden. Leane Hotels und Restaurants fordern keine Unfehlbarkeit. Probleme für die Gäste und Gästebeschwerden sind nie restlos auszuschließen. Der Gast, der sich beschwert, ist ein guter Gast. Wir stehen noch in Kommunikation mit ihm. Die professionelle Handhabung von Gästebeschwerden kann einen enttäuschten Gast in einen Wiederholungsgast verwandeln.

Nicht die besten Dienstleistungen, sondern die passenden Serviceleistungen aus der Sicht der Gäste müssen im Vordergrund stehen. Ein Rund-um-die-Uhr-Sorgentelefon hat zum Ziel, Gästeprobleme, Beschwerden und Verbesserungsanregungen zu erfassen, und kann helfen, nachfragegerecht die Serviceleistungen zu verbessern. Gästebetreuungskosten gehören ins Marketingbudget. Enttäuschte Gäste als Negativmultiplikatoren können der Hotellerie und Gastronomie sehr teuer kommen. Mit dem Ohr beim Gast sollten möglichst viele Verbesserungsanregungen aufgegriffen und in die Tat umgesetzt werden. Durch die Gästebrille wirkt das Dienstleistungsangebot „menschlicher". Gäste mieten keine Hotelzimmer und kaufen auch keine Food & Beverage-Leistungen, sie hoffen auf Dienstleistungserlebnisse.

Die unmittelbare Einbeziehung des Gastes in die Produkt- und Servicegestaltung sowie deren Verbesserungsmaßnahmen gehört zum Herzstück des Lean Managements.

5. Schritt: Prioritäten der Wertschöpfung

Zur Wertsteigerung und zu werterhaltenden Investitionen gehören die Bereitstellung des marktgerechten Produktes (Hoteltyp, Hoteleinrichtungen, Food & Beverage-Leistungen), die nachgefragte Qualität (zielgruppengerecht), zur richtigen Zeit (Beachtung der Möglichkeit zur Kapazitätsauslastung), am richtigen Ort (Standortproblematik).

Zu den Prioritäten der Wertschöpfung gehören einerseits die Qualitätsverbesserungen und Produktivitätssteigerungen zur Wertsteigerung und andererseits die Vermeidung von Verschwendung (wertvernichtende Aufwendungen). Für die Gäste existieren nur Produkt- und Dienstleistungsqualitäten, die sie wahrnehmen und als preiswerte Lösung ihrer Dienstleistungserwartungen anerkennen. Freundlichkeit in Hotellerie und Gastronomie mag zwar nicht als wertschöpfender, wohl aber als ein wesentlicher werterhaltender Faktor gewertet werden.

Lean Management will nachfrageorientierte Dienstleistungsvielfalt agierend mit weniger Aufwand entwickeln. Permanente Marktbeobachtung ist dabei zwingende Voraussetzung, um den Wünschen und Erwartungen des Gastes entsprechen zu können. Lean Management will pro Quadratmeter im Hotel oder Restaurant Umsatz- und Servicemöglichkeiten schaffen. Die Abschaffung einer ungenutzten Servicestation und damit die Möglichkeit zur Erhöhung der Sitzplatzkapazität im Restaurant kann wertschöpfend sein. Die passende Schaffung und Gestaltung von vermietbaren Verkaufsvitrinen in der Hotelempfangshalle, die Umwandlung von großen Etagenoffices zu Hotelzimmern, die Verlagerung von Büros zu „unverkäuflichen" Raumebenen, der Umbau von Hotelsuiten in eventuell mehr nachgefragte Konferenzräume können sich umsatzfördernd auswirken.

Betriebsblindheit steht oft derartigen wertschöpfenden Maßnahmen entgegen. Lean Management will volle Konzentration auf Gastkontaktabteilungen und strebt Rationalisierung der Verwaltungs- und Produktionsbereiche (Küche, Lager etc.) an.

Wertschöpfend sind alle Maßnahmen zur Produktivitätssteigerung. Sind die Mitarbeiter in der Küche für die anfallenden Arbeiten zum Teil überqualifiziert? Kann hier der Einsatz von Hilfskräften Entlastung und Einsparung bringen?

Produktivität kann auch durch Verselbständigung eigener Abteilungen erreicht werden (z.B. eigenverantwortliche Führung der Bar mit Gewinnbeteiligung, Verpachtung des unrentablen Hotelrestaurants an einen passenden externen Betreiber, Abschaffung des A-la-carte-Geschäfts bei gleichzeitiger Verbesserung des Pensionsservice etc.). Arbeitsablaufanalysen mit dem Ziel der Arbeitserleichterung und Produktivitätssteigerung sollten regelmäßig von den betreffenden Teams durchgeführt werden. Schlank nach innen heißt: Vermeidung jeder Verschwendung von Arbeitszeit, Waren- und Materialeinsatz und Ideenreichtum der Mitarbeiter. Die Einführung moderner Produktionsmethoden im Küchenbereich, der Datenverarbeitung am Empfang und im Verwaltungsbereich (z.B. Buchhaltung) sollte immer unter dem Gesichtspunkt der Wertschöpfung oder Vermeidung von Verschwendung von Arbeitszeit erfolgen. Auch der sanfte Abbau und die Entfrachtung von Dienstleistungen, die der Gast nicht mehr bereit ist zu honorieren, helfen den wertvernichtenden Aufwendungen (Verschwendung) entgegenzutreten.

6. Schritt: Standardisierte Qualität
Trotz kreativer Vielfalt und hoher Selbständigkeit der Serviceteams braucht Lean Management leane Standards. Routinetätigkeiten, Wieder-

holungsprozesse müssen für alle Bereiche standardisiert werden. Leistungsmaßstäbe-Standards scheinen nur für Industriebetriebe Anwendung zu finden. Im Dienstleistungsbereich muß der Hotelier und Gastronom seine Qualitätsvorstellungen definieren – es geht um standardisierte Qualität. Wer heute im Gastgewerbe nicht festlegt, wie und auf welchem Niveau die Dienstleistungen zu erbringen sind, überläßt alles dem Zufall. Standards sind also nicht nur quantitative Arbeitsleistungsstandards, sondern sie spielen auch im Verhaltensbereich – beim Auftreten gegenüber dem Gast – eine qualitätssichernde Rolle. Der Gast hat ein Anrecht, bei gleichbleibenden Preisen auch gleichwertige Dienstleistungen zu erfahren. Jedes Teammitglied muß sich an die gemeinsam entwickelten Standards halten. Selbstverständlich kann und soll jeder Mitarbeiter danach trachten, einmal festgelegte Richtlinien zu verbessern. Als Standard gilt das Beste und nicht der kleinste gemeinsame Nenner.[9]

Ohne Standards ist Job-Rotation in Hotellerie und Gastronomie kaum möglich. Die Festschreibung grundlegender Arbeits- und Verhaltensweisen bildet ein weiteres Instrument zur Minimierung des Koordinierungs- und Informationsaufwandes. Leane Standards vereinheitlichen und vereinfachen die Dienstleistungsaufgaben. Standards werden nicht für die Ewigkeit festgelegt und müssen den sich ändernden Servicesituationen angepaßt werden. Dabei werden Standards nicht von oben verkündet, sondern mit den betreffenden Mitarbeitern erarbeitet, besprochen und als gemeinsame Richtlinie vereinbart.

Die oberste Zielsetzung lautet dabei: Qualitätssicherung für den Gast. Im Gastgewerbe dienen Standards als Ausgangsbasis zur Produktivitätssteigerung, zur Verminderung von Leerzeiten, als Möglichkeit zur flexibleren und verbesserten Kapazitätsanpassung, für die Erstellung von gestaffelten Dienstplänen, als Grundlage zur Mitarbeiterschulung, für gerechtere Entlohnungssysteme, zur Qualitätsverbesserung und Qualitätssicherung für den Gast. Ein Betrieb ohne festgelegte Qualitätsstandards ist wie ein Ballspiel ohne festgelegte Spielregeln. Jeder Mitarbeiter würde seine eigenen Qualitätsvorstellungen definieren und vielleicht jeder anders. Lean Management will auch mit Standards eine Steigerung der Ressourcennutzung und die Minimierung der Zeit-, Kapital- und Materialverschwendung erreichen.

7. Schritt: Ständige Verbesserungen
Mit der Erkenntnis: „Quality doesn't cost, it pays" geht es in diesem Schritt um den kontinuierlichen, schrittweisen Verbesserungsprozeß als Herzstück des Lean Managements. Das japanische Schlüsselwort „KAIZEN" (= Verbesserung) trägt den leanen Leitgedanken. Alles kann noch weiter

---

[9] Die Entwicklung von Standards für Hotellerie und Gastronomie wird ausführlich in Schaetzing, Management in Hotellerie und Gastronomie, S. 155ff. beschrieben.

verbessert werden, Qualität kommt nie zum Stillstand, alle Teammitglieder sind ständig an der Verbesserung beteiligt. Zu den Bedingungen für Verbesserungsbereitschaft gehören Offenheit, Kritikfähigkeit, Fehlertoleranz und das sich selbst und die Arbeit immer wieder In-Frage-stellen-Können. Mitarbeiter müssen es sich zur Gewohnheit machen, regelmäßig zu überprüfen, ob wirklich so wie bisher gearbeitet werden muß. Wie kann die Arbeitsstufe verbessert werden? Wie kann die Arbeit für jeden Beteiligten erleichtert werden? Kann sie mit besserer Ausrüstung, anderem Material oder aufgrund einer anderen räumlichen Anordnung besser, leichter oder wirtschaftlicher verrichtet werden?

Könnte jemand anderes als Teil seines Aufgabengebietes diese Arbeitsstufe übernehmen? Wie läßt sich das Niveau der Dienstleistung aus der Sicht des Gastes verbessern? Qualitätsverbesserung ist eine Reise – eine Richtung, die zum wichtigen Glied der leanen Wertschöpfungskette stetig wächst. Das Einzelelement „Total Quality Management" als Unternehmensfunktion will im Zielerreichungsprozeß eine umfassende Qualitätsdienstleistung anstreben. Die Frage „Wie viele Verbesserungsvorschläge produziert ein Mitarbeiter der Hotellerie oder Gastronomie innerhalb eines Jahres?" verspricht bereits eine enorme Entwicklungsmöglichkeit.

Die Mitarbeiter, die den jeweiligen Arbeitsvorgang am besten kennen, sollten auch ihre Know-how-Ressourcen für Verbesserungsideen am besten ausschöpfen können. Im Lean Management finden durch den Drang zur permanenten Verbesserung laufend sanft und ohne Zwang Rationalisierungsmaßnahmen statt: einfacher, schneller, billiger, sicherer, gastzentrierter und besser. Da die Ideen von der Basis kommen, lassen sich leane Verbesserungsaktivitäten auch viel schneller in die Praxis umsetzen. Fehler wirken immer als Quelle zu Verbesserungsmaßnahmen. Die allgemeine Selbstverständlichkeit, daß jede Dienstleistung verbesserbar ist, sensibilisiert das Team und ruft zur ständigen Selbstkritik am Arbeitsplatz auf. Wie von selbst hat jeder Mitarbeiter eine positive Einstellung jeglichen Veränderungen gegenüber, ist für neue Ideen und Arbeitsabläufe aufgeschlossen. Diese Innovationsfreude steigert den Mut und die Bereitschaft, auch etwas Neues auszuprobieren; Stillstand bedeutet Rückschritt.

8. Schritt: Qualitätssicherung statt Qualitätskontrolle

Der Null-Fehler-Lösung geht die gründliche Fehleraufdeckung und -abstellung voraus. Im Dienstleistungsbereich sind sämtliche Maßnahmen zur Qualitätskontrolle zu spät. Es geht um präventive Qualitätssicherung im vorhinein. Qualitätssicherung in Hotellerie und Gastronomie erreicht man nicht durch Einzelaktionen[10]. Erfolgversprechend ist ein integriertes

---

[10] Vgl. ausführlich Schaetzing, Qualitätsorientierte Marketingpraxis.

System, das stufenmäßig in einer Art Kreislauf nie zum Stehen kommt. Auf der Basis der erstellten Qualitätsstandards muß das Team für jeden Bereich ein eigenes Stärken-und-Schwächen-Profil erstellen, die Serviceverbesserungsstrategie festlegen und den dafür notwendigen Trainingsbedarf entwickeln. Qualitätsverbesserungen können nur schrittweise eingeführt werden. Mit dem notwendigen Feedback, der Anerkennung und der Erfolgsbeteiligung läßt sich ein integriertes Qualitätssicherungskonzept verwirklichen. Jede Stufe in diesem Konzept ergänzt und verstärkt den Erfolg der anderen. Qualitätssicherung bedeutet Vorbeugung und nicht nachträgliche Überprüfung. Hoteliers und Gastronomen sollten stets als „Fehlervorbeuger" agieren und nicht nur nachträglich reagierend überprüfen, warum die Qualität auf der Strecke geblieben ist. Vorgegebene Qualitätsstandards müssen eindeutig, verständlich, fehlerfrei und von vornherein richtig sein. Definiert man Qualität als Erfüllung von Anforderungen, so müssen für die Mitarbeiter alle Voraussetzungen dafür, die Rahmenbedingungen und ein Höchstmaß an Unterstützung seitens des Managements gewährleistet sein.

Nach herkömmlichen Vorstellungen erreicht man Qualität durch Kontrolle. Qualitätsüberprüfung vollzieht sich aber immer im nachhinein und ist wenig geeignet, Qualität zu erzeugen. Der eigentliche Sinn von Kontrollmaßnahmen ist es, Qualitätsprobleme zu erkennen und für immer aus der Welt zu schaffen. Häufig auftretende Qualitätsprobleme werden anhand eines Stärken-und-Schwächen-Profils in einer Prioritätenskala gewichtet und möglichst sofort gelöst. Ein Qualitätsproblem existiert immer erst dann, wenn zwischen tatsächlichem und gewünschtem Geschehen (Qualitätsstandards) eine Diskrepanz besteht. Keine Serviceleistung im Gastgewerbe ist nur negativ; vielleicht läßt sich durch Verstärkung der positiven Faktoren das Qualitätsniveau des speziellen Gästeservice verbessern. Wer vorbehaltlos Fehler erwartet, leistet damit bereits den ersten Schritt zu ihrer vorbeugenden Vermeidung. Das Prinzip der Gästeorientierung kürzt den Weg zur Fehlerquelle ab. Lean Management unterstützt die vorauseilende Fehlersuche und -vermeidung.

9. Schritt: Agieren durch Planung

Erwünschte Dinge treten nur ein, wenn sie geplant wurden; unerwünschte Dinge stellen sich von selbst ein. So ist Dienstleistungsqualität kein Zufall, sondern das Ergebnis sorgfältiger, vorausgegangener Planung. Lean Management sorgt dafür, daß alle Mitarbeiter an den Planungsaufgaben in ihrem Serviceteam beteiligt weden. Gerade die Teamorientierung trägt im Planungsprozeß dazu bei, daß auch sensorische, emotionale Elemente, die richtige „Nase", das „Gespür" und nicht nur Zahlen Berücksichtigung finden.

Je genauer künftiges Marketing durchdacht wird, desto flexibler und leichter kann das Management auf unerwartete Entwicklungen reagieren. Innovation setzt Planungsschritte voraus. Wenn die Mitarbeiter selbst vorausdenken und vorausplanen, sind sie auch bereit, die Verantwortung für künftiges Handeln und Entscheiden zu übernehmen. Vorausschauende Planung gibt Aufschluß über die zu erwartenden Schwierigkeiten und unterstützt somit die vorbeugende Fehlerbegrenzung.

Läßt man einen Oberkellner mit seinem Serviceteam die voraussichtlichen Umsätze pro Wochentag für das Mittag- und Abendgeschäft planen, so werden hiermit Zielsetzungen geschaffen; auch der Blick auf künftige Ziele kann motivieren. Die vom Lean Management entwickelte „Vorausplanungskultur" darf nicht zur Planungsbürokratie ausarten. Hat man seine Ziele fest im Griff, dann bleibt auch genügend Freiraum für eventuell notwendige Improvisationen. Dienstleistungsqualität ist kein Zufall, sondern das Ergebnis vorausgegangener Planung. Wer abwartend in tradierten Problemlösungsmustern verharrt, unterstützt die eigene Betriebsblindheit. Planung und Veränderungsbereitschaft lassen agieren und nicht nur reagieren.

10. Schritt: Methode der kleinen Schritte
Lean Management empfiehlt die kleinen, beherrschten Schritte, um die vorher beschriebenen Arbeitsprinzipien erfolgreich durchsetzen zu können. Es gibt keine endgültigen Zielvorstellungen, sondern nur Schritte in die richtige Richtung.

Je unsicherer die geplanten künftigen Entscheidungen sind, desto kleiner und sicherer müssen die Schritte in diese Zukunft sein. Bei richtig verstandenem Lean Management steuert das Feedback auf die kleinen, aber gesicherten Schritte den nächsten Schritt.[11]

Erfolgserlebnisse und ständiger Fortschritt sind die Motivatoren für das Bewältigen der nächsten Hürde. Die Methode der kleinen Schritte senkt das Risiko von Fehlentscheidungen und läßt alle Mitarbeiter schneller vorankommen auf dem nicht endenden Weg zum schlanken Unternehmen.

---

[11] Vgl. Pfeiffer/Weiß, Lean Managementt, S. 49.

Lean Management hat zwei Dimensionen

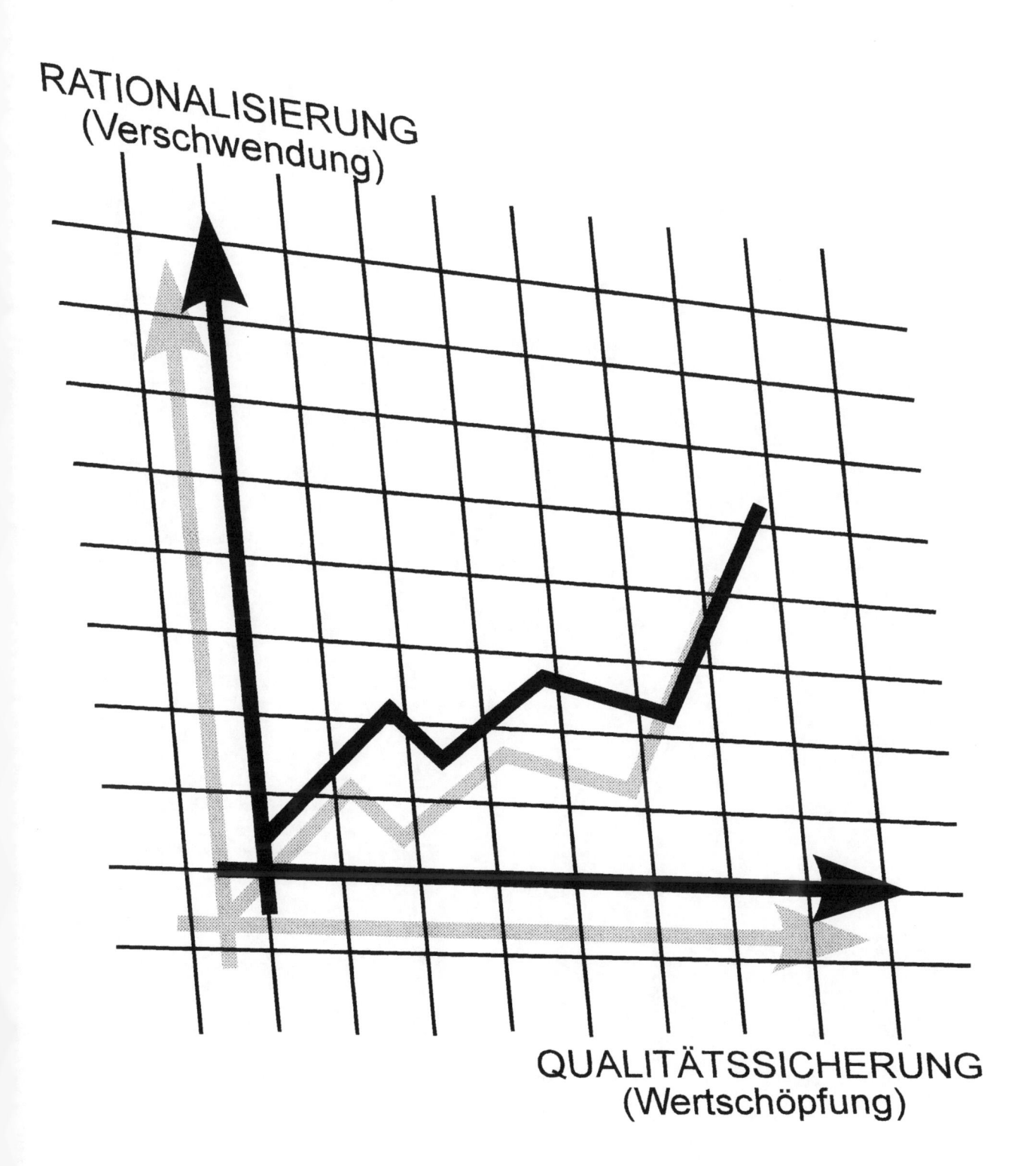

RATIONALISIERUNG
(Verschwendung)

QUALITÄTSSICHERUNG
(Wertschöpfung)

III.
Stehen Produktivität und Qualität in unauflösbarem Widerspruch?

III. Stehen Produktivität und Qualität in unauflösbarem Widerspruch?

Zählt ein gut funktionierender Betriebsablauf denn mehr als ein zufriedener Gast? In einer Branche des „Wartens" mit überdurchschnittlich hohen fixen Bereitschaftskosten, schwankender Kapazitätsauslastung und der für diesen Dienstleistungsbereich nahezu typischen relativ niedrigen Produktivität scheint das Management in vielen Betrieben immer mehr darauf bedacht zu sein, Schritt für Schritt Qualitätsdienstleistungen für den Gast abzubauen. Service, der in den sogenannten „Luxushotels" früher für den Gast als selbstverständlich empfunden wurde, ist zur Ausnahme geschrumpft worden. In welchen Hotels werden heute denn noch die Schuhe der Gäste geputzt, das Reisegepäck auf die Zimmer gebracht und jeder Gast bei der Ankunft auf sein Zimmer begleitet? Wo gibt es wirklich noch einen vollen Etagen-Zimmerservice, wo werden die Betten für die Nachtruhe hergerichtet?

Die Erklärung für diese und andere „Serviceamputationen" ist schnell gefunden: Diese „Servicerelikte aus der Steinzeit des Gastgewerbes" sind einfach zu personalintensiv, zu „unproduktiv" und man vermutet, daß der Gast auch nicht mehr bereit ist, diesen Service vergangener Tage noch zu bezahlen. Da müssen Schuhputzmaschinen neben dem Hotellift her, Gepäckwagen zur Selbstbedienung, Minibars auf die Zimmer und das allgemeine Bestreben, den Gast zum Essen unbedingt aus seinem Zimmer in das produktivere Restaurant zu locken. Das viel reichhaltigere Frühstücksbuffet (mit Selbstbedienung versteht sich), das minimierte Speisenangebot (wenn überhaupt vorhanden) der Zimmerservicekarte sprechen eine deutliche Sprache: Gast, komm herunter in unser Restaurant.

Vom Frühstück- über das Lunch- zum Dinnerbuffet darfst du bei uns arbeiten und dich selbst bedienen, wir werden dich dann mit der Rechnung verwöhnen. In manchen Hotelketten wird das Gefühl vermittelt, so ein Hotel ließe sich eigentlich auch viel besser führen, wenn die Gäste nicht permanent den Empfang blockieren, ihre Zimmer in Unordnung bringen und ständig nach irgendwelchem Service läuten würden.

Qualität im Gastgewerbe ist eine Summe von Kleinigkeiten, ja Selbstverständlichkeiten, die von dienstleistungsfreudigen Mitarbeitern hervorragend gelöst wird. Haben sich die Qualitätsanforderungen und -empfindungen unserer Gäste geändert? Wollen sie nicht mehr verwöhnt werden? Ist der Preis das Maß aller Dinge und Erwartungen? Soll ich als Hotelier in Zukunft lieber fünf Prozent Preisnachlaß auf die Zimmerpreise anbieten, wenn der Gast sein Zimmer selbst reinigt? Diese gewiß provozierenden Fragen stehen nur stellvertretend für die Problematik:

Einerseits muß das Management für einen rationellen und produktiven Betriebsablauf sorgen, andererseits soll die Qualität der Dienstleistungen für die Gäste immer weiter gesteigert werden. Es gilt einen vernünftigen Ausgleich zwischen Produktivität und Qualität zu finden, zum Wohle der Gäste und des Unternehmens.

Produktivität in Hotellerie und Gastronomie

Wer seine Produktivität verbessern will, muß sie erst einmal messen können. Es kommt dabei vor allen Dingen darauf an, Produktivität sachgemäß und aussagefähig zu ermitteln. In einem Soll-Ist-Vergleich, mit einem zwischenbetrieblichen Vergleich kann das Management dann herangehen, die betriebliche Leistungsfähigkeit zu verbessern. Hohe oder niedrige Personalkosten sagen allein an sich noch nichts über die Produktivität eines Betriebes aus. Nicht die Kosten der Arbeit sind entscheidend, sondern die Kosten der erbrachten Dienstleistungen – die Resultate der Arbeit. Was kostet insgesamt ein gereinigtes Zimmer? Welche Personalkosten fallen pro bedientem Gast an? Wie stehen die gesamten Personalkosten pro Servicestunde im Verhältnis zu den in dieser Zeit erwirtschafteten Umsätzen (Beherbergung, Food & Beverage, Sonstige)?

Natürlich sollte die Produktivitätserfassung auf die gesamte Leistungsfähigkeit eines Betriebes und dessen Abteilungen ausgerichtet werden und nicht nur auf einige Kostenarten.

Die allgemeine Definition:

$$Produktivität = \frac{erbrachte\ Dienstleistungen}{Faktoreinsatzeinheiten\ (Kapital,\ Arbeit,\ Material)}$$

will als Produktivitätskennziffer zum Beispiel aufzeigen, ob ein Betrieb pro eingesetzte Arbeitsstunde mehr Dienstleistungseinheiten erbringen kann als der Mitbewerber. Produktivitätskennziffern müssen auf den jeweiligen Betrieb maßgeschneidert werden.

Beispiele für Produktivitätskennziffern – Fragestellungen aus Hotellerie und Gastronomie:

(1) Wie viele Gäste wurden im Restaurant pro eingesetzte Arbeitsstunde (Küche und Service) bedient?

(2) Wie hoch sind die relevanten Kosten (zurechenbar) pro belegtes Zimmer? (Reservierungskosten, Reinigungs- und Wäschekosten, Arbeitsaufwand der Zimmerreinigung, Gästeartikel, Drucksachen)

(3) Wie hoch ist der Personalaufwand pro bedienter Gast im Food & Beverage-Bereich / Beherbergungsbereich?

(4) Wie viele Zimmer (Bleibe- und Abreisezimmer) wurden durchschnittlich pro Zimmermädchen und Arbeitstag pro bezahlte Arbeitsstunde gereinigt?

(5) Wie viele Gäste wurden pro Servicezeit (Frühstück, Mittag, Abend) pro Kellner durchschnittlich bedient?

(6) Welcher Getränkeumsatz konnte pro Arbeitsstunde und Barkeeper an der Bar erzielt werden?

(7) Wie hoch sind die Gesamtkosten pro gereinigter Quadratmeter im Hotel? (Reinigungsmaterial und -mittel, Hausdamenabteilung)

(8) Wie viele Essen, Couverts, Hauptspeisen werden pro Koch/pro bezahlte Küchenarbeitsstunde produziert?

(9) Wie viele Ankünfte und Abreisen wurden durchschnittlich pro Empfangsmitarbeiter und Arbeitsstunde bewältigt?

(10) In welchem Verhältnis steht der Verwaltungsaufwand (Management, Buchhaltung, Einkauf, Personalbüro) zu dem Personalaufwand – Gastkontaktpersonal / zu den erzielten Erlösen (Beherbergung, Food und Beverage, Sonstige)?

(11) Wie viele Couverts wurden pro Abwaschmaschinenstunde geleistet?

(12) Wie viele „Sales calls" hat ein Verkaufsrepräsentant durchschnittlich pro Monat und Tag bewältigt?

An den ausgewählten Beispielen zur Produktivität wird deutlich, daß Produktivitätskennziffern abhängig von der Betriebsgröße und von dem Betriebstyp sinnvoll zusammengestellt und ausgewertet werden müssen (siehe Praxisbeispiel zur *Produktivität im Restaurant*).

Produktivität als Soll-Ist-Vergleich

Der reine Zeitvergleich im Betrieb oder der zwischenbetriebliche Vergleich von Produktivitätskennziffern ist in der Aussagefähigkeit begrenzt. Der Soll-Ist-Vergleich zeigt auf, inwieweit Zielsetzungen in der Produktivität oder festgelegte Leistungsmaßstäbe erreicht werden konnten:

$$Produktivität = \frac{Soll\text{-}Leistungseinheiten \times 100}{Ist\text{-}Leistungseinheiten}$$

Soll-Leistungseinheiten werden in der Hotellerie in vier Arten von Standards festgelegt:

1) *Quantitätsstandard*
2) *Zeitstandard*
3) *Kostenstandard*
4) *Qualitätsstandard*

Beim **Quantitätsstandard** lautet die Fragestellung: Wie viele und welche Mengeneinheiten sind pro Arbeitsstunde oder Arbeitstag von einem geschulten Mitarbeiter zu erbringen. Beispielsweise legt man fest, daß ein Zimmermädchen pro Arbeitsstunde drei Bleibezimmer oder zwei Abreisezimmer in diesem speziellen Hotel reinigen soll.

Der **Zeitstandard** bestimmt wann, zu welchem Zeitpunkt oder in welchem Zeitraum die Dienstleistungseinheiten vom Mitarbeiter geleistet werden sollen. Die Buchhaltung hat zum Beispiel den Monatsbericht bis spätestens zum fünften Tag des Folgemonats zu erstellen.

Der **Kostenstandard** legt den Kostenrahmen fest, in welcher Kostenhöhe eine Dienstleistung erbracht werden soll. So dürfen beispielsweise die Wareneinsatzkosten Speisen bei den Tagesmenüs und Tagesgerichten 30% der Netto-Speisenumsätze nicht überschreiten.

Der **Qualitätsstandard** beeinflußt und bestimmt alle drei vorangegangenen Standards. Die Fragestellung lautet, wie und auf welchem Niveau ist die Dienstleistung zu erbringen. So legt man zum Beispiel fest, daß alle Individualreisenden auf das Zimmer begleitet werden; bei Tagungs-, Gruppen- und Firmenservice-Gästen geschieht das nicht.

Wo Produktivitätsmaßstäbe auf einzelne Einsatzfaktoren (z.B. gereinigte Zimmer pro Arbeitsstunde) abgestellt werden, liegt die Schwierigkeit darin, daß sich die Produktivität eines Faktors leicht mittels Substitution durch einen anderen steigern läßt. Arbeit, Kapital und Material sind teilweise gegeneinander substituierbar. (Die Zimmer könnten auch von einer Fremdfirma per Stückkosten gereinigt werden). Eine effektive Produktivitätsmessung erfordert die Entwicklung der beschriebenen Leistungsstandards, die Produktivitätsprobleme identifizieren und verdeutlichen können. Die Quantifizierung der Produktivität aller Arten von Dienstleistungen in Hotellerie und Gastronomie muß einfach, für die betroffenen Abteilungen und Mitarbeiter verständlich, vergleichbar und aussagefähig vorgenommen werden. Produktivitätsbewertungen dienen als objektive Informationsquelle für das Management, um Problemabteilungen – aber auch außergewöhnliche Leistungen – besser zu identifizieren.

Produktivitätsvergleiche mit Kollegenbetrieben können einen nützlichen Ideenaustausch inspirieren.

Qualität und Produktivität – Konflikt und Kompromiß

Zwei Herzen schlagen in der Brust eines Hotelmanagers: Das „Marketing-Herz" kümmert sich um Trends, um das Erkennen von Gästebedürfnissen, will immer bessere Dienstleistungen und hat sich voll der Qualitätssicherung und steten Qualitätsverbesserung in Hotellerie und Gastronomie verschrieben. Das „operative Herz" des Hotelmanagers strebt nach einem effizienten Betriebsablauf, will produktive Leistungserstellung, einen reibungslosen, kostengünstig erstellten Service. Marketing will neue Angebotskonzepte mit Servicevielfalt, nachfrageorientierte und flexible Preisstrategien, fördert kommunikative Maßnahmen und stellt die Liebe zum Qualitätsdetail in den Vordergrund. Das operative Denken sieht in dem kreativen Gestalten einer segmentsspezifischen Vermarktungsstrategie oft nur eine teure Zusatzfunktion; attraktive Innovationen können in direkten Konflikt zu dem produktiven Betriebsablauf stehen. Die Zielsetzungen differieren – es geht um das kompromißbereite Abwägen zwischen voller Gästezufriedenheit und dem rentablen, effizienten Dienstleistungsablauf.

Operative Hauptprobleme im Gastgewerbe

Fixkostenintensive Dienstleistungsbetriebe mit zeitweilig auftretender Überkapazität müssen sich im operativen Management immer um den folgenden Problemkreis bemühen:

(1) Betriebslayout und -ausstattung

(2) Arbeitsablaufgestaltung

(3) Kapazitätsmanagement

(4) Standardisierung oder Differenzierung

(5) Volumenabfertigung oder individuelle Bedienung

(6) Produktivitätsverbesserung

Dabei steht im Mittelpunkt der meisten operativen Strategien das Streben nach mehr Produktivität, so daß sich das Verhältnis der eingesetzten Mittel zu den bezahlten Dienstleistungen verbessert. Um diesem Ziel zu dienen, müssen Engpässe eliminiert, Betriebsabläufe und Produktion (zum Beispiel Küchenproduktion) weitgehend standardisiert werden. Nun kann man aber nur bis zum Gast und nie mit dem Gast rationalisieren und standardisieren. Alle Abteilungen, die der Gast nicht sieht (Küche, Buchhaltung, Einkauf, Verwaltung), können auch teilweise mit effizienteren Betriebsmitteln (z.B. Küchengeräte, Computer) ohne negativen Effekt für den Gast vereinfacht, standardisiert, automatisiert und damit produktiver gestaltet werden. Die Leistungssteigerungen bei allen Mitarbeitern, ob mit oder ohne Gastkontakt, sind dabei am schwierigsten zu bewältigen. Weniger Mitarbeiterfluktuation, das Einstellen und Schulen von leistungsfähigeren Mitarbeitern kann nur teilweise Arbeitsproduktivität steigern helfen.

Leistungssteigerungen durch Umdenken

Die meisten Unternehmen kommen nur über das Mitarbeiterpotential zu größeren Leistungszuwächsen. Viele Führungskräfte scheuen sich aber das Maß an Leistung zu verlangen, das notwendig wäre, um Qualitätsdienstleistungen auf einem höheren Niveau zu erzielen. Vielleicht glauben sie, ihre Mitarbeiter gäben bereits ihr Bestes. So mag sich auf allen Führungsebenen die Illusion breitmachen, daß man am Rande seiner Kapazität operiert, auch wenn man in Wirklichkeit noch weit davon entfernt ist. „Geben Sie uns mehr Leute, dann können wir uns auch besser um unsere Gäste bemühen!", „Wie sollen denn meine Mitarbeiter bei den niedrigen Gehältern noch motiviert sein, mehr und besser zu arbeiten?" – Das Geschick, Forderungen zu stellen, ist vielleicht die Fähigkeit, die bei Führungskräften am wenigsten entwickelt ist. Will man seine Mitarbeiter fördern, muß man sie auch fordern können. Einige Hotelgesellschaften glauben durch die Einführung von neuen Führungstechniken, speziellen Anreizsystemen, neuen Entgeltregelungen, Gewinn-beteiligungsmodellen, Titeln und Beförderungen alles getan zu haben, damit nun der Mitarbeiter von sich aus zur Leistungssteigerung bereit ist und sein Bestes geben wird. Ein weiteres persönliches Eingreifen des Managements erübrigt sich, die Anreize zu mehr und besserer Leistung sind geschaffen.

Man muß umdenken. Viele Führungskräfte spüren, daß ihre Abteilung zu größerem fähig wäre, doch ihre Sicht ist mit überkommenen Trägheitsmomenten und „Negativbremsen" verstellt.

Schritte in die richtige Richtung:

- Setzen Sie gemeinsam mit Ihren Mitarbeitern ehrgeizigere Ziele.

- Fangen Sie bei der Auswahl der Ziele in den Bereichen an, wo es gegenwärtig Probleme gibt (überhöhte Kosten, Nichterreichung der Umsatzziele, Gästebeschwerden, Qualitätsprobleme).

- Kümmern Sie sich zuerst um die Bereiche, wo eine Qualitätsverbesserung nicht nur wünschenswert, sondern auch kurzfristig zwingend notwendig erscheint.

- Befragen Sie Ihre Mitarbeiter, wo sie Ansätze sehen, die Qualität der Dienstleistung zu verbessern und zu steigern.

- Denken Sie daran, je mehr die Mitarbeiter bei der Ausarbeitung und Detaillierung der Ziele beteiligt werden, desto besser.

- Geben Sie als Führungskraft detailliert an, welche Leistungs- und Qualitätsverbesserungen Sie zumindest in welchem Zeitraum erwarten; überprüfbare, meßbare Einzelziele sind als „Etappenziele" für alle Mitarbeiter eine Meßlatte des zukünftigen Erfolges.

- Artikulieren Sie Ihre Erwartungen eindeutig; mündlich, vielleicht auch schriftlich, werden Informationen, Zuständigkeiten, der vorgesehene zeitliche Rahmen und die Verantwortlichkeiten spezifiziert, die zur Realisierung der nun vereinbarten Ziele führen müssen.

- Überwachen Sie die Fortschritte, aber delegieren Sie auch die Verantwortung für die Verwirklichung der Leistungsverbesserung, alle nicht eindeutig verteilten Ergebnisverantwortungen werden sonst an die Führungskräfte zurückdelegiert.

- Erweitern und vertiefen Sie auf der Basis des Anfangserfolgs Ihre zukünftigen Qualitäts- und Dienstleistungserwartungen in eindeutiger Formulierung.

- Dulden Sie keine Mittelmäßigkeit und auch keinen Zeitaufschub; verlangen Sie nichts Unmögliches, aber zeigen Sie Ihren Mitarbeitern, wie ernst und wichtig Ihnen die Zielverwirklichungen sind.

- Schrauben Sie Ihre eigenen Erwartungen nie zurück auf bequemere Anspruchsebenen, geben Sie Ihren Mit(-denkern)-arbeitern entsprechende Unterstützung, schärfen Sie das Bewußtsein in allen Abteilungen für Dienstleistungsqualität, fördern Sie Selbstkontrolle und Überwachung des Fortschritts.

- Mitarbeiter arbeiten gern in einem ergebnisorientierten Umfeld, wo Erfolge zur Selbstbestätigung beitragen, gemeinsame Leistungserwartungen – und Anstrengungen – zu besseren Beziehungen untereinander und in gegenseitigem Respekt höhere Arbeitszufriedenheit bewirken.

- Hören Sie im Management nie auf, im Rahmen Ihrer Möglichkeiten nach den Sternen der Dienstleistungsqualität für Ihren Betriebstyp und Ihr Gästepotential zu greifen.

Qualität ist nicht Grad des Luxus

Qualität in Hotellerie und Gastronomie ist die konsequente und stetige Erfüllung von Gästeerwartungen. Sind die Gästezielgruppen stark preisempfindlich und gewillt, ein etwas gemindertes Serviceniveau zu akzeptieren, so lassen sich doch auch bei schlichterem Service Qualitätssymbole zur Produkt- und Dienstleistungsdifferenzierung zu ähnlichen Betrieben mit den Mitarbeitern erarbeiten. Ein branchenweit einmaliger Service verlangt nach zusätzlichen, für den Gast wertvollen Leistungsmerkmalen, die dann auch aus der Sicht der Gäste einen höheren Preis rechtfertigen. Operative Effizienz und Produktivität müssen zu den gastorientierten Qualitätsstrategien konfliktfrei angepaßt werden.

IV. Rationalisierung und Qualitätssicherung im Food und Beverage-Bereich

IV. Rationalisierung und Qualitätssicherung im Food und Beverage-Bereich

Rationalisierung ist nicht gleichzusetzen mit Lean Management; wohl aber gehört Rationalisierung zum Lean Management in Hotellerie und Gastronomie. Rationalisierung will im Rahmen des ökonomischen Denkens die Vermeidung jeder Verschwendung. Dabei wird unter Verschwendung nicht nur der leichtfertige Verbrauch von Geld, Zeit, Ideen und Können verstanden, sondern auch alle nicht wertschöpfenden Tätigkeiten und Investitionen. Rationalisierung nur bis zum Gast – nie mit dem Gast. Sparsames und schlankes Management nach innen gehört auch zu den Arbeitsprinzipien des Lean Managements.

Rationalisierung bezeichnet die Summe der Maßnahmen, die die Zustände und Abläufe in einem Unternehmen so verbessern sollen, daß die Unternehmensziele schneller, sicherer und mit vermindertem Aufwand erreicht werden.[12]

Rationalisierung mit dem Ziel der Arbeitsvereinfachung will ein Maximum an Leistung mit einem Minimum an Aufwand in personeller und materieller Hinsicht erreichen: einfacher, schneller, billiger, besser und sicherer.

Gastronomische Dienstleistungen sind nicht nur sehr kostenintensiv, sondern auch in einem Rationalisierungsprogramm sehr sensibel zu behandeln. Die Gastorientierung steht im Vordergrund und gilt als Ausrichtung aller Rationalisierungsmaßnahmen nach innen; vom Einkauf bis zum Verkauf sind die Bedürfnisse der Gäste und die Gegebenheiten des Marktes zu berücksichtigen. Unternehmensziele und damit die Ziele und Mittel der Rationalisierung werden ebenfalls weitgehend von der Konkurrenzsituation eines Unternehmens geprägt. So steht am Anfang aller rationalisierender Maßnahmen das Beschreiben, Bewerten und Ordnen langfristiger Ziele des gastronomischen Betriebes als Grundlage für die Identifikation der Mitarbeiter. Nur mit der kontrollierten Selbständigkeit der Mitarbeiter lassen sich Einsatzfreude und Kreativität sowie Leistungsbereitschaft und Gefühl für Dienstleistungen steigern. Zu den vordringlichsten zu rationalisierenden Maßnahmen in Hotellerie und Gastronomie gehört die Schaffung einer schlanken Führungsorganisation.

Klare Autoritäts- und Verantwortungsabgrenzung mit weitgehender Delegation der Entscheidungsfindung müssen für eine Veränderungsbereitschaft bei allen Mitarbeitern auf allen Ebenen sorgen.

---

[12] Vgl. Lindemann, Rationalisierung, S. 80-84.

Die Festlegung des Rationalisierungspotentials eines gastronomischen Betriebes beginnt in der Regel mit einem Vergleich der Markt- und Konkurrenzsituation.[13]

Als Folge zielen Rationalisierungsmaßnahmen auf:

- schnelles Anpassen der Unternehmensziele auf die sich ändernde Gästenachfrage
- Standardisierung der Angebotspalette ohne Flexibilitätsverlust
- Straffen und Vereinfachung aller Betriebsabläufe vom Einkauf bis zum Verkauf
- Verbesserung der Produktivität im Service- und Küchenbereich
- nachfragegerechte Anpassung der Qualitätsstandards im Food und Beverage Bereich
- Verbesserung der Planung, Durchführung und Kontrolle gastronomischer Dienstleistungen
- Steigerung der Leistungsbereitschaft und Identifikation mit den vereinbarten betrieblichen Zielen aller Mitarbeiter
- Kostenbewußtsein und sparsamen Verbrauch von Wareneinsatzkosten für Speisen und Getränke
- kapazitätsgerechten Mitarbeitereinsatz, flexible Arbeitszeitsysteme
- Einbindung der Kreativität und Verbesserungsvorschläge zum schlanken Wirtschaften nach innen auf allen Mitarbeiterebenen

Das Instrumentarium des Operations Research kann auch in Dienstleistungsbetrieben fachgerecht eingesetzt werden; zu den Methoden gehören Arbeitsablaufanalysen, Multimomentaufnahmen, Zeit- und Bewegungsstudien, Einführung von Checklisten, Arbeitsplatz-, Stellenbeschreibungen, Standardisationen, Prioritätenanalysen, Zielvereinbarungen, In - Frage - Stellungen, Varianzanalysen, Kosten-Nutzen-Analysen, Qualitätskontrollen, Schwachstellenanalysen, Kennzahlenvergleiche, Brainstormingverfahren und Verbesserungsideen mit der Identifikation aller Mitarbeiter.

Das Rationalisierungspotential im Food und Beverage-Bereich bezieht sich zunächst auf die flexible Angebotsgestaltung, die darauf folgende Produktionsplanung im Küchenbereich, um über Rationalisierungsreserven bei Einkauf, Warenannahme, Lagerung und Ausgabe zu den optimalen Wareneinsatzkosten für Speisen und Getränke zu kommen. Mit flexiblen Arbeitszeiten, rationalem Mitarbeitereinsatz, Steigerung der Produk-

---

[13] Vgl. Ihde, Grundlagen der Rationalisierung. S. 45.

tivität, Ermittlung der Trainingserfordernisse sind die Personalkosten zu optimieren. Der Bereich Service und Verkauf schließt Rationalisierungsüberlegungen über Serviceformen und Servicezeiten (Öffnungszeiten) mit ein. Ein Schwerpunkt liegt bei der Analyse und Vereinfachung sämtlicher Arbeitsabläufe für Restaurants, Küche, Bankett, Etagenservice, Bars und Buffet. Der technische Einsatz und die Kontrolle des Energieverbrauchs im Food und Beverage Bereich bedürfen einer besonderen Beachtung bei der Erstellung eines umfassenden Rationalisierungsprogramms. Nicht zuletzt müssen Rationalisierungsreserven in der Administration, mit Organisation, Kontrollsystemen und einem rentablen Kontrollaufwand gesucht werden.

Die folgende Auswahl und Beschreibung einiger in der Praxis bewährter Rationalisierungsideen soll dazu anregen, sich ein eigenes Rationalisierungsprogramm für den Food und Beverage-Bereich maßzuschneidern.[14]

---

[14] Umfassende Checklisten für den Food und Beverage-Bereich sind bei Schaetzing, Checklisten für das Hotel und Restaurant Management, erfaßt.

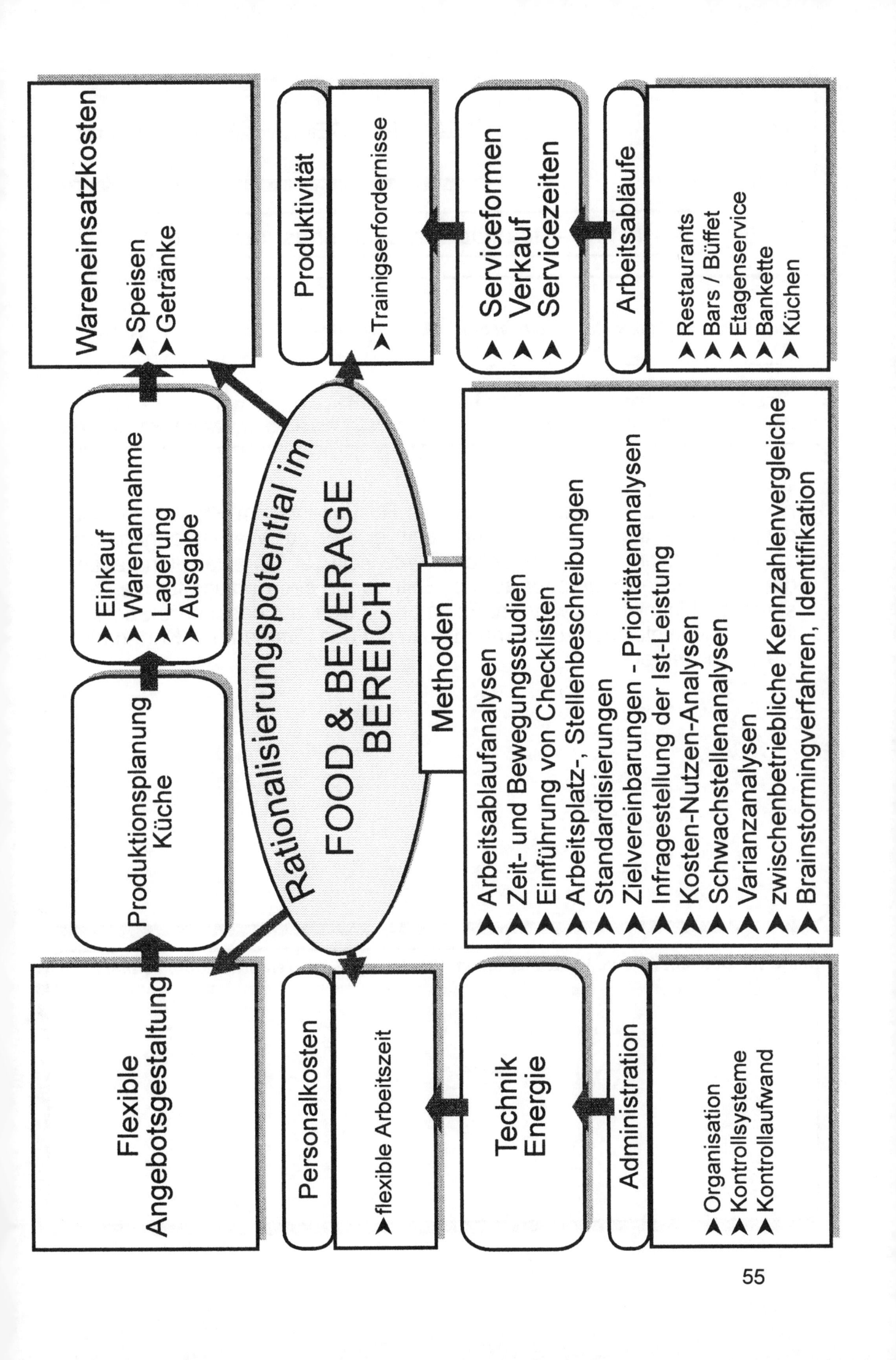

Rationalisierungspotential im FOOD & BEVERAGE BEREICH

Wareneinsatzkosten
- Speisen
- Getränke

Einkauf / Warenannahme / Lagerung / Ausgabe
- Einkauf
- Warenannahme
- Lagerung
- Ausgabe

Produktionsplanung Küche

Produktivität
- Trainigserfordernisse

Serviceformen / Verkauf / Servicezeiten
- Serviceformen
- Verkauf
- Servicezeiten

Arbeitsabläufe
- Restaurants
- Bars / Büffet
- Etagenservice
- Bankette
- Küchen

Methoden
- Arbeitsablaufanalysen
- Zeit- und Bewegungsstudien
- Einführung von Checklisten
- Arbeitsplatz-, Stellenbeschreibungen
- Standardisierungen
- Zielvereinbarungen - Prioritätenanalysen
- Infragestellung der Ist-Leistung
- Kosten-Nutzen-Analysen
- Schwachstellenanalysen
- Varianzanalysen
- zwischenbetriebliche Kennzahlenvergleiche
- Brainstormingverfahren, Identifikation

Flexible Angebotsgestaltung

Personalkosten
- flexible Arbeitszeit

Technik Energie

Administration
- Organisation
- Kontrollsysteme
- Kontrollaufwand

NR. 001

LEAN MANAGEMENT: **Food & Beverage**

Marketing - Qualitätsverbesserungsvorschlag

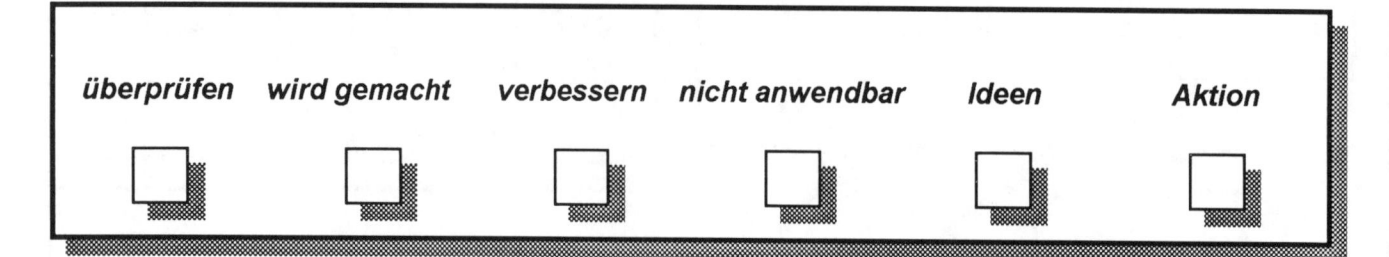

überprüfen	*wird gemacht*	*verbessern*	*nicht anwendbar*	*Ideen*	*Aktion*
☐	☐	☐	☐	☐	☐

Hotelaufzüge als Verkaufsförderer des Restaurants: Im Hotelaufzug ist der Gast „gefangen" und spricht damit leichter auf Werbemaßnahmen an. In plakativer Form kann täglich abwechselnd auf Spezialitäten neben der Stockwerkanzeige oder auf der Seitenwand des Aufzugs für die Restaurants hingewiesen werden. Es empfiehlt sich, auf besondere Spezialitätentage in gleicher Aufmachung auch auf den Zimmern mit Kartenaufsteller zu werben.

eigener Betrieb: (Ideen, Verbesserungen, Umsetzung, Test, Verantwortung, Termin)

LEAN MANAGEMENT: **Food & Beverage** **NR. 001**

(Rationalisierungsvorschlag)

überprüfen *wird gemacht* *verbessern* *nicht anwendbar* *Ideen* *Aktion*

☐ ☐ ☐ ☐ ☐ ☐

Besonders arbeitsintensiv für den Küchenbereich sind alle A-la-Carte-Gerichte beim Speisenangebot. Im Rahmen der flexiblen Angebotsgestaltung hat es sich in einigen Restaurants bewährt, einmal pro Woche nicht die umfassende Speisekarte aufzulegen, sondern eine kleinere Auswahl von Bratengerichten oder leicht vorzubereitende Buffets anzubieten. Einerseits bietet man Abwechslung für den Stammgast, der das normale Angebot kennt, andererseits können an diesem Tag einige Köche ihren freien Tag planen oder Guttage abbauen. Ein verkaufsfördernder Tischkartenaufsteller macht auf diesen Spezialitätentag aufmerksam.

eigener Betrieb: (Ideen, Verbesserungen, Umsetzung, Test, Verantwortung, Termin)

NR. 002

LEAN MANAGEMENT: **Food & Beverage**

Marketing - Qualitätsverbesserungsvorschlag

| überprüfen | wird gemacht | verbessern | nicht anwendbar | Ideen | Aktion |
| □ | □ | □ | □ | □ | □ |

Parkplätze, auch Hoteltiefgaragen, können mit attraktiv wechselnden Farbdia-Serien auf gastronomische Angebote zu den verschiedenen Öffnungszeiten der Bars und Restaurants aufmerksam machen. Im Zeitalter der Datenverarbeitung lassen sich auf Bildschirmen von Personalcomputern (neben den Hotelaufzügen) mit leichter Bedienung für die Gäste gastronomische Telegramme und Informationen abrufen. Saisonale Besonderheiten sind zumindestens wöchentlich im Präsentationsprogramm abzustimmen.

eigener Betrieb: (Ideen, Verbesserungen, Umsetzung, Test, Verantwortung, Termin)

| LEAN MANAGEMENT: **Food & Beverage** | **NR. 002** |

Rationalisierungsvorschlag

überprüfen	wird gemacht	verbessern	nicht anwendbar	Ideen	Aktion
☐	☐	☐	☐	☐	☐

Die Öffnungszeiten für Restaurants und Bars müssen während der Woche und in den einzelnen Monaten des Jahres nicht immer gleich sein. Es empfiehlt sich, eine stundenmäßige Gegenüberstellung der Umsätze für Food und Beverage, der bedienten Gästeanzahl und der dafür eingesetzten Personalkosten, Mitarbeiteranzahl und bezahlte Arbeitsstunden pro Wochentag auszuwerten. So können unterschiedliche Ladenschlußzeiten, der lange Verkaufsdonnerstag, Feiertage, die Berücksichtigung der Sommer- und Winterzeit und andere Einflüsse zu einer nachfragegerechten Öffnungs- und Servicezeit mit einem entsprechenden gastronomischen Angebot führen. Kapazitäts- und auslastungsbezogene Dienstplaneinteilung für Küche, Bar und Restaurant wird die Folge sein.

eigener Betrieb: (Ideen, Verbesserungen, Umsetzung, Test, Verantwortung, Termin)

NR. 003

LEAN MANAGEMENT: **Food & Beverage**

Marketing - Qualitätsverbesserungsvorschlag

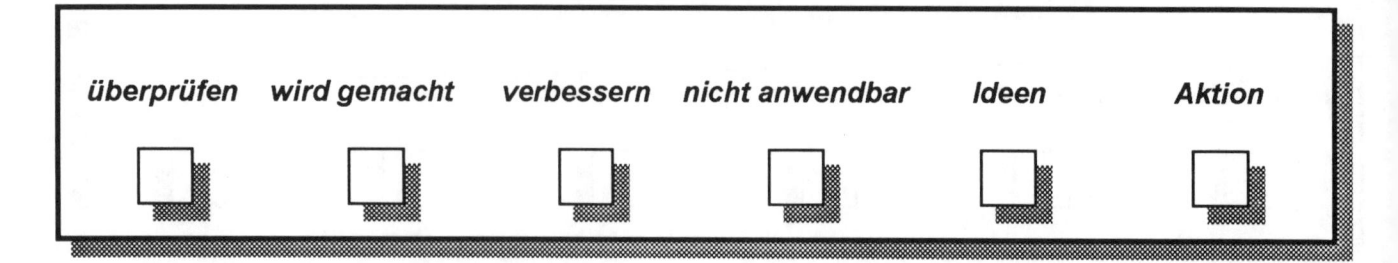

| überprüfen | wird gemacht | verbessern | nicht anwendbar | Ideen | Aktion |
| □ | □ | □ | □ | □ | □ |

Eine Wochenzeitung als Speisekarte mit einer Geschichte zur Tradition des Hauses und einem stets wechselnden gastronomischen Angebot muß so attraktiv aufbereitet sein, daß sie der Gast auch mitnimmt. Telefonnummern, Anfahrtsplan und Öffnungszeiten können dann vom Werbeträger Gast problemlos weitergegeben werden. Vielleicht läßt sich die Wochenzeitung mit zum Thema passenden Kleinanzeigen der Lieferanten oder umliegenden Geschäfte finanzieren. Der wöchentliche Rhythmus erlaubt auch eine flexible Preispolitik und Sortimentsbereinigung seitens des Gastronomen.

eigener Betrieb: (Ideen, Verbesserungen, Umsetzung, Test, Verantwortung, Termin)

LEAN MANAGEMENT: **Food & Beverage**

NR. 003

Rationalisierungsvorschlag

überprüfen	*wird gemacht*	*verbessern*	*nicht anwendbar*	*Ideen*	*Aktion*
☐	☐	☐	☐	☐	☐

Nicht nur die Verkaufsstatistik allein sollte zur Sortiments- und Angebotsbereinigung beitragen. Als Entscheidungsgröße, welche Artikel auf den Angebotskarten zu streichen oder aufzunehmen sind, dient das tatsächlich erwirtschaftete oder erwartete Deckungsbeitragsvolumen pro Artikel, wobei die Arbeitsintensität im Küchenbereich ebenfalls zu berücksichtigen ist. Im Rahmen einer halbjährlichen Speisekartendiagnose werden sämtliche Speisenartikel klassifiziert in: Gewinner-, Verlierer-, Schläfer-, und Renner-Artikel. Beliebtheitsgrade und Deckungsbeiträge pro Artikel dienen dabei als Basis zur Revision des Speisenangebots. Softwareprogramme für unterschiedliche Betriebssysteme stehen in der Praxis zur computergesteuerten Angebotsgestaltung zur Verfügung.

eigener Betrieb: (Ideen, Verbesserungen, Umsetzung, Test, Verantwortung, Termin)

NR. 004

LEAN MANAGEMENT: **Food & Beverage**

Marketing - Qualitätsverbesserungsvorschlag

überprüfen	wird gemacht	verbessern	nicht anwendbar	Ideen	Aktion
☐	☐	☐	☐	☐	☐

Wenn ein Hersteller und Lieferant für seine Markenprodukte (z.B. Weine, Kaffee, Gläser, Porzellan etc.) Werbekonzeptionen erstellt, kann es für den Gastronomen ratsam sein, als Musterabnehmer in Bild und Text bei den Werbeaktionen vertreten und genannt zu werden. An eine entsprechende Vereinbarung ist rechtzeitig vor Abnahmevertrag mit den Lieferanten zu denken. Mit dem Lieferanten können einmal im Monat kommentierte Weindegustationen durchgeführt werden. Die notwendige Werbung geht zu Lasten des Lieferanten.

eigener Betrieb: (Ideen, Verbesserungen, Umsetzung, Test, Verantwortung, Termin)

LEAN MANAGEMENT: **Food & Beverage** **NR. 004**

Rationalisierungsvorschlag

überprüfen *wird gemacht* *verbessern* *nicht anwendbar* *Ideen* *Aktion*
☐ ☐ ☐ ☐ ☐ ☐

In Anpassung an das unterschiedliche Geschäftsvolumen sind in der Küche festgelegte Bestandsmengen — täglich unterschiedliches Mise-en-place für jeden Küchenposten — auch für das normale Geschäft zu planen. Bankette und Extraveranstaltungen werden dann extra gehalten und Berücksichtigt. Daueraufträge bei Lebensmittellieferanten (z.B. immer eine bestimmte Anzahl von Semmeln etc.) sollten, wenn möglich, vermieden, zumindestens aber in gewissen Zeitabständen überprüft werden. Detaillierte Geschäftsprognosen, die voraussichtliche Anzahl von Restaurantgästen, eine permanente Auswertung von Verkaufsanalysen und die Ermittlung von Beliebtheitsgraden dienen als Basis für eine 14tägige Produktionsplanung und damit als Grundlage für den Lebensmitteleinkauf.

eigener Betrieb: (Ideen, Verbesserungen, Umsetzung, Test, Verantwortung, Termin)

NR. 005

LEAN MANAGEMENT: **Food & Beverage**

Marketing - Qualitätsverbesserungsvorschlag

überprüfen	wird gemacht	verbessern	nicht anwendbar	Ideen	Aktion
☐	☐	☐	☐	☐	☐

Mehr Umsatz kann mit einer zehnminütigen Verkaufsschulung jeden Tag erreicht werden. In Zusammenarbeit mit dem Küchenchef sollte täglich ein anderes Gericht für den Verkauf besprochen und geschult werden. Dazu gehören die Erläuterung der Rezeptur anhand von Kostproben, das passende Getränk, das verkaufsfördernde Vokabular und mögliche Artikel für einen Zusatzverkauf. Mit den Servicemitarbeitern müssen zu den wechselnden Menüs und Tagesgerichten eine entsprechende Getränkeempfehlung vereinbart werden. Gerade beim Abendgeschäft hat sich in vielen Restaurants der Einsatz eines geschulten Getränkekellners bewährt.

eigener Betrieb: (Ideen, Verbesserungen, Umsetzung, Test, Verantwortung, Termin)

LEAN MANAGEMENT: **Food & Beverage**　　　　**NR. 005**

Rationalisierungsvorschlag

überprüfen	wird gemacht	verbessern	nicht anwendbar	Ideen	Aktion
☐	☐	☐	☐	☐	☐

Bei günstigen Angeboten für größere Quantitäten von Food und Beverage Produkten wird auf Schwundverluste, Lagerräumlichkeiten, Lagerkosten und Kapitalbindung geachtet. Laufende Bestandskontrolle und Ermittlung der Artikel mit dem geringsten Lagerumschlag dienen auch als Kriterien, die Mindest- und Höchstbestellmengen je Artikel festzulegen. Die Bankettabteilung sollte stets bemüht sein, Artikel mit dem geringsten Lagerumschlag (z.B. auslaufende Weine) bei Extraveranstaltungen zu verkaufen.

eigener Betrieb: (Ideen, Verbesserungen, Umsetzung, Test, Verantwortung, Termin)

NR. 006

LEAN MANAGEMENT: **Food & Beverage**

Marketing - Qualitätsverbesserungsvorschlag

überprüfen	wird gemacht	verbessern	nicht anwendbar	Ideen	Aktion
☐	☐	☐	☐	☐	☐

Auch der kleinste Betrieb sollte versuchen, eigene unverwechselbare „Markenzeichen"-Produkte zu erstellen (Torten, Pasteten, Marmeladen etc.). Ein Gastronomiebetrieb kann Dienstleistungen auch zu „Unzeiten" anbieten; ein ansprechender Tischkartenaufsteller weist auf diesen Außer-Haus-Verkauf hin (auch nach 23 Uhr Verkauf von Wein, Bier, Torten, Fertigprodukten und anderen „Markenzeichen" des Betriebes).

eigener Betrieb: (Ideen, Verbesserungen, Umsetzung, Test, Verantwortung, Termin)

LEAN MANAGEMENT: **Food & Beverage** **NR. 006**

Rationalisierungsvorschlag

| überprüfen | wird gemacht | verbessern | nicht anwendbar | Ideen | Aktion |
| ☐ | ☐ | ☐ | ☐ | ☐ | ☐ |

Ertragstests, Fleischzerlegungstests (Fleischtests) geben eher den Ausschlag zwischen Lieferanten als reine Preisvergleiche. Für sämtliche Lebensmittel sind Einkaufsspezifikationen festzulegen, in welcher Qualität, Art, Größe, Anzahl und Mengeneinheit irgendein nachgefragter Artikel eingekauft werden soll. Diese Einkaufsspezifikationen sollten innerhalb eines Jahres variieren; denn bei schwankender Kapazitätsauslastung ist es vielleicht nicht möglich, Küchenpersonal abzubauen, wohl aber oft günstiger, einige Produkte selbst herzustellen und nicht zu hohen Einkaufspreisen halbfertig oder fertig einzukaufen. Natürlich ist die Artikelgröße dabei nach dem geringsten Zubereitungsverlust auszurichten. Küchen, die immer gleich einkaufen, sagen damit, daß sie auch immer das gleiche Geschäft — ohne Schwankungen — zu bewältigen haben. Prinzipiell muß permanent kostenmäßig zwischen Eigenproduktion und Halbfertig- oder Fertigproduktkauf verglichen werden.

eigener Betrieb: (Ideen, Verbesserungen, Umsetzung, Test, Verantwortung, Termin)

NR. 007

LEAN MANAGEMENT: **Food & Beverage**

Marketing - Qualitätsverbesserungsvorschlag

überprüfen	*wird gemacht*	*verbessern*	*nicht anwendbar*	*Ideen*	*Aktion*
☐	☐	☐	☐	☐	☐

Der Gastronom muß sich nicht darauf beschränken, nur Essen und Trinken zu vermarkten. Non-Foodartikel wie Pfeffer- und Salzmühlen, spezielles Teeservice, Kaffeetassen, Cocktailgläser nimmt der Gast bei entsprechendem Angebot gern als Souvenir mit nach Hause. Der Verkauf von Kinderspielzeug am Wochenende läßt das Familiengeschäft ansteigen.

eigener Betrieb: (Ideen, Verbesserungen, Umsetzung, Test, Verantwortung, Termin)

LEAN MANAGEMENT: **Food & Beverage**

NR. 007

Rationalisierungsvorschlag

überprüfen	*wird gemacht*	*verbessern*	*nicht anwendbar*	*Ideen*	*Aktion*
☐	☐	☐	☐	☐	☐

Bei Non-Foodartikeln und Produkten, die periodisch im Food und Beverage Bereich benötigt werden, ist es oft ratsam, günstigere Jahresabnahmeverträge abzuschließen — Abnahmeverträge auf Abruf, die den Vorteil des Großeinkaufs (Mengenrabatte) bieten, ohne die Nachteile der eigenen Lagerung in Kauf zu nehmen. Sammelkäufe auf genossenschaftlicher Basis, Einkaufskooperationen oder nur die Möglichkeit, mit Kollegenbetrieben einige Artikel gemeinsam einzukaufen, sind laufend zu überprüfen. Wöchentliche Einkaufspreisvergleiche per Fax bei regional unterschiedlichen Einkaufsmöglichkeiten (z.B. der Kollegenbetrieb hat die Möglichkeit, seine Weine direkt vom Winzer preisgünstig einzukaufen) sollten genutzt werden.

eigener Betrieb: (Ideen, Verbesserungen, Umsetzung, Test, Verantwortung, Termin)

NR. 008 LEAN MANAGEMENT: Food & Beverage

Marketing - Qualitätsverbesserungsvorschlag

überprüfen	wird gemacht	verbessern	nicht anwendbar	Ideen	Aktion
☐	☐	☐	☐	☐	☐

Für Fest- und Feiertage kann der „Geschenk-Körbe-Verkauf" mit einem speziellen Angebot seitens der Lieferanten vielen Gästen entgegenkommen. Lebensmittellieferanten sollen unterschiedliche Körbe zu verschiedenen Anlässen zusammenstellen, fotografieren, Name, Schriftzug, Wappen, Emblem, Vignette des gastronomischen Betriebes mit hervorheben und auf Abruf liefern können. Im Restaurant wird mit farbigen Tischkartenaufstellern — ein Werbemittel des Lieferanten — auf diesen Service aufmerksam gemacht.

eigener Betrieb: (Ideen, Verbesserungen, Umsetzung, Test, Verantwortung, Termin)

LEAN MANAGEMENT: **Food & Beverage**

NR. 008

Rationalisierungsvorschlag

überprüfen   *wird gemacht*   *verbessern*   *nicht anwendbar*   *Ideen*   *Aktion*
☐   ☐   ☐   ☐   ☐   ☐

Im Lebensmitteleinkauf (Food und Beverage) sollte vom Food & Beverage Manager für jeden Lieferanten das vom Betrieb eingekaufte Volumen auf jährlicher Basis in DM-Beträgen festgehalten werden. Mit einem entsprechenden Brief wird der Lieferant auf das letztjährige Geschäftsvolumen mit ihm aufmerksam gemacht und damit eine stärkere Verhandlungsbasis in bezug auf Naturalrabatte, Staffelpreise, Werbehilfen seitens des Lieferanten geschaffen.

eigener Betrieb: (Ideen, Verbesserungen, Umsetzung, Test, Verantwortung, Termin)

NR. 009 — *LEAN MANAGEMENT:* **Food & Beverage**

Marketing - Qualitätsverbesserungsvorschlag

überprüfen	wird gemacht	verbessern	nicht anwendbar	Ideen	Aktion
☐	☐	☐	☐	☐	☐

Ein Jahreskalender für Stammgäste der Sonderveranstaltungen mit saisonalen Spezialitäten (Spargel-, Erdbeer-, Starkbierzeit etc.) wird allen Gästen überreicht. Die Tischdekoration des Restaurants entspricht, wenn möglich, dem Gemüse der Saison. Zusammen mit der Kirche organisierte Wohltätigkeitsveranstaltungen fördern den Bekanntheitsgrad des Restaurants und sichern den Wiederholungsgast.

eigener Betrieb: (Ideen, Verbesserungen, Umsetzung, Test, Verantwortung, Termin)

LEAN MANAGEMENT: **Food & Beverage**

NR. 009

Rationalisierungsvorschlag

überprüfen	*wird gemacht*	*verbessern*	*nicht anwendbar*	*Ideen*	*Aktion*
☐	☐	☐	☐	☐	☐

Für jede Extraveranstaltung (Bankett) sollte vorher eine Brutto-Gewinn- und Verlustrechnung veranschlagt werden. Hierbei sind nicht nur die Wareneinsatzkosten für Food und Beverage, sondern alle für die geplante Veranstaltung relevanten Kosten wie Aushilfspersonal, Blumen, Dekoration, Drucksachen, technische Geräte, Tabakwaren, Energiekosten und Reinigung u.a. zu berücksichtigen. Finden mehrere Veranstaltungen am gleichen Tag statt, sollte versucht werden, das gleiche Menü zu verkaufen; oft ist es möglich, bei größeren Veranstaltungen das vereinbarte Menü mit einem der Tagesmenüs im Restaurant zu kombinieren. So läßt sich der Vorteil der „Massenfertigung" mit optimalem Wareneinsatz und Arbeitserleichterung für die Küche verbinden.

eigener Betrieb: (Ideen, Verbesserungen, Umsetzung, Test, Verantwortung, Termin)

NR. 010

LEAN MANAGEMENT: **Food & Beverage**

Marketing - Qualitätsverbesserungsvorschlag

überprüfen	*wird gemacht*	*verbessern*	*nicht anwendbar*	*Ideen*	*Aktion*
☐	☐	☐	☐	☐	☐

Für Stadtrestaurants hat es sich bewährt, unterschiedliche Angebotskarten für mittags und abends aufzulegen (mittags = Tellerservice, preiswerte Gerichte; abends = bei erhöhter Aufenthaltsdauer der Gäste anspruchsvollere Speisenauswahl). Eine Analyse der Verkaufsstatistik zur jeweiligen Essenszeit hilft bei der optimalen Angebotsgestaltung.

eigener Betrieb: (Ideen, Verbesserungen, Umsetzung, Test, Verantwortung, Termin)

LEAN MANAGEMENT: **Food & Beverage**

NR. 010

Rationalisierungsvorschlag

überprüfen	*wird gemacht*	*verbessern*	*nicht anwendbar*	*Ideen*	*Aktion*
☐	☐	☐	☐	☐	☐

Vorproduktion ist gelagerte Arbeitszeit! Sämtliche Speisenartikel (Garnituren, Beilagen, geputzte und geschnittene Salate, Saucen etc.) sind auf die Möglichkeiten der Vorproduktion ohne Qualitätsverlust zu überprüfen. Einige Artikel lassen sich mit Vakuumverpackung und späterem Einsatz von Mikrowellengeräten oder Konvektomaten in der nachgefragten Artikelmenge vorbereiten. Rationalisierung ohne Qualitätsverlust ist dabei oberstes Gebot.

eigener Betrieb: (Ideen, Verbesserungen, Umsetzung, Test, Verantwortung, Termin)

NR. 011

LEAN MANAGEMENT: **Food & Beverage**

Marketing - Qualitätsverbesserungsvorschlag

überprüfen	wird gemacht	verbessern	nicht anwendbar	Ideen	Aktion
☐	☐	☐	☐	☐	☐

Wer die Zukunft planen will, muß die Vergangenheit bewältigt haben. Eine tägliche Nachbesprechung im Service basiert auf einer Verkaufskontrolle pro Servicemitarbeiter. Die ausgewertete Verkaufsstatistik zeigt den aktiven Verkauf: das Verhältnis der Suppen, Salate, Desserts zu den Hauptgerichten; das Verhältnis des Getränkeumsatzes zum Speisenumsatz pro Bedienung. Auch umsatzmäßige Zielvorstellungen pro Wochentag und Servicezeit müssen die Folge einer Nachbesprechung sein.

eigener Betrieb: (Ideen, Verbesserungen, Umsetzung, Test, Verantwortung, Termin)

LEAN MANAGEMENT: **Food & Beverage**

NR. 011

Rationalisierungsvorschlag

überprüfen	*wird gemacht*	*verbessern*	*nicht anwendbar*	*Ideen*	*Aktion*
☐	☐	☐	☐	☐	☐

Alle Portionsgrößen für Fleisch, Beilagen, Salate sind zu standardisieren. Einige Betriebe haben zur Portionsgrößenkontrolle pro Küchenposten moderne, kleine Portionswaagen eingeführt. Auch die regelmäßige Überprüfung des Abfalls und zurückgelassener Beilagen gibt Aufschluß über die zu verwendenden Portionsgrößen. Das Angebot zweier verschiedener Portionsgrößen für den gleichen Fleischartikel, die Bildung verschiedener Beilagengruppen (Preisgruppen saisonal unterschiedlich), das „Gemüse des Tages" können nicht nur verkaufsfördernd eine verbesserte Auswahl für den Gast bedeuten, sondern auch die Wareneinsatzkosten günstig beeinflussen. Differenzierte Präsentationsformen mit unterschiedlichen Tellergrößen, Beilagenschüsseln, Platten etc. helfen den Wareneinsatz zu optimieren.

eigener Betrieb: (Ideen, Verbesserungen, Umsetzung, Test, Verantwortung, Termin)

NR. 012

LEAN MANAGEMENT: **Food & Beverage**

Marketing - Qualitätsverbesserungsvorschlag

überprüfen	*wird gemacht*	*verbessern*	*nicht anwendbar*	*Ideen*	*Aktion*
☐	☐	☐	☐	☐	☐

Eine vom Betrieb unabhängige Beratungsfirma sollte mindestens zweimal pro Jahr eine Qualitätsüberprüfung in Bezug auf Angebotspolitik (Produkte) und Service aus der Sicht des Gastes durchführen. Der Gast sieht anders als der Gastronom. Gastronomische Qualität ist die ständige Erfüllung von Gästeerwartungen. Diese Erwartungen ändern sich und bestimmen die zukünftige Angebotsform.

eigener Betrieb: (Ideen, Verbesserungen, Umsetzung, Test, Verantwortung, Termin)

LEAN MANAGEMENT: **Food & Beverage** **NR. 012**

Rationalisierungsvorschlag

überprüfen	*wird gemacht*	*verbessern*	*nicht anwendbar*	*Ideen*	*Aktion*
☐	☐	☐	☐	☐	☐

Es kann qualitativ vertretbar sein, Convenience-Produkte (Fertiggerichtesysteme) mit frischen Lebensmitteln zu mischen. Hier werden Industrieprodukte — man denke an Eiscreme — immer besser. Es gibt Betriebe, die fertige Grundsaucen, geputzte und geschnittene Salate, Pasteten oder Garnituren nach ihren eigenen Anweisungen vom Großlieferanten erstellen lassen und in entsprechender Menge auch günstig einkaufen; nicht nur Arbeitserleichterung, verminderter Küchenpersonalaufwand, sondern auch gleichbleibende Qualität mit konstantem und damit kalkulierbarem Wareneinsatz sind die Folge.

eigener Betrieb: (Ideen, Verbesserungen, Umsetzung, Test, Verantwortung, Termin)

NR. 013

LEAN MANAGEMENT: **Food & Beverage**

Marketing - Qualitätsverbesserungsvorschlag

überprüfen	*wird gemacht*	*verbessern*	*nicht anwendbar*	*Ideen*	*Aktion*
☐	☐	☐	☐	☐	☐

Schicken Sie ein neues Rezept statt eines Werbebriefes. Auf einer Postkarte wird das Spezialrezept vom Küchenchef des Hauses gratis für die Gäste zum Ausprobieren angeboten. Auf der Rückseite des farbigen Bildes zur neuen Spezialität auf der Speisekarte grüßen zusammen mit dem verbalen Rezept die wichtigsten Mitarbeiter des Betriebes. Um den Gast im Restaurant für neue Gerichte gewinnen zu können, werden vom Küchenchef Kostproben zu seinen Kreationen angeboten.

eigener Betrieb: (Ideen, Verbesserungen, Umsetzung, Test, Verantwortung, Termin)

LEAN MANAGEMENT: **Food & Beverage** **NR. 013**

Rationalisierungsvorschlag

| überprüfen | wird gemacht | verbessern | nicht anwendbar | Ideen | Aktion |
| □ | □ | □ | □ | □ | □ |

Gewinnerartikel des Speisenangebots sind mit Rezepten, ausgewerteten Fleischtests, auf die Mise-en-place-Menge bezogener Artikelanzahl, festgelegten Portionsgrößen und Serviceinstruktionen auch für den kleinsten gastronomischen Betrieb zu standardisieren. Mehrere Warenwirtschaftskontrollsysteme, Softwareprogramme zur computergesteuerten Wareneinsatzkontrolle setzen Rezepturen in Zehnereinheiten voraus; nur kocht man in der Praxis selten in dieser theoretischen Losgröße. Hier ist es ratsam, realistische Rezepte — nämlich in der tatsächlich gekochten Menge — zu erstellen; eventuell gibt es dann je nach Artikelanzahl auch mehrere Rezepte, die zur Ermittlung der durchschnittlichen Wareneinsatzkosten führen.

eigener Betrieb: (Ideen, Verbesserungen, Umsetzung, Test, Verantwortung, Termin)

NR. 014   *LEAN MANAGEMENT:* **Food & Beverage**

Marketing - Qualitätsverbesserungsvorschlag

überprüfen	*wird gemacht*	*verbessern*	*nicht anwendbar*	*Ideen*	*Aktion*
☐	☐	☐	☐	☐	☐

Ein transparent und gerecht geregeltes Punktesystem hilft, gute Verkaufsleistungen der Mitarbeiter zu belohnen. Verkaufsprämien für Umsatzsteigerungen zum Budget, für den geförderten Verkauf hoher Deckungsbeitragsartikel, mehr Freizeit oder die kostenlose Teilnahme an überbetrieblichen Schulungsmaßnahmen stehen als Beispiel für unterschiedlichste Anreizsysteme.

eigener Betrieb: (Ideen, Verbesserungen, Umsetzung, Test, Verantwortung, Termin)

LEAN MANAGEMENT: **Food & Beverage**

NR. 014

Rationalisierungsvorschlag

| *überprüfen* | *wird gemacht* | *verbessern* | *nicht anwendbar* | *Ideen* | *Aktion* |

Die Küchenmitarbeiter werden mit Zahlentransparenz zur Sparsamkeit motiviert; ein ständiger Ideenwettbewerb zur Kosteneinsparung und Qualitätsverbesserung hilft, die negative Routine in der Küchenproduktion zu durchbrechen. Bei der Einführung von Prämiensystemen für die Mitarbeiter der Küche ist darauf zu achten, die Prämien nicht am Umsatz oder am Wareneinsatz, sondern am erwirtschafteten Bruttogewinn insgesamt auszurichten.

eigener Betrieb: (Ideen, Verbesserungen, Umsetzung, Test, Verantwortung, Termin)

NR. 015

LEAN MANAGEMENT: **Food & Beverage**

Marketing - Qualitätsverbesserungsvorschlag

überprüfen	wird gemacht	verbessern	nicht anwendbar	Ideen	Aktion
☐	☐	☐	☐	☐	☐

Die Zukunft verlangt nach mehr Flexibilität im Angebot: Die Aktion „Wir kochen Ihr Lieblingsgericht" dokumentiert die enge Verbundenheit zwischen dem Stammgast und dem Gastronomiebetrieb. Auch die Aktion „Feiern Sie Ihren Geburtstag bei uns — wir laden für Sie ein" erfordert gastronomische Flexibilität.

eigener Betrieb: (Ideen, Verbesserungen, Umsetzung, Test, Verantwortung, Termin)

LEAN MANAGEMENT: **Food & Beverage**

NR. 015

Rationalisierungsvorschlag

überprüfen	wird gemacht	verbessern	nicht anwendbar	Ideen	Aktion
☐	☐	☐	☐	☐	☐

Die Zukunft gehört den flexiblen Arbeitszeiten im Gastgewerbe. Dem Mitarbeiter in Hotellerie und Gastronomie muß weitgehend die Zeitsouveränität, das heißt die Selbstbestimmbarkeit seines Arbeitseinsatzes, zurückgegeben werden. Selbstverständlich kann dies nur kapazitäts- und auslastungsorientiert, in Anpassung an die Gästenachfrage erfolgen. Leerlaufzeiten (eine Branche des Wartens) müssen mit gestaffelten Dienstplänen vermieden werden. Schicht-Dienstpläne mit gleichem Arbeitsbeginn und -ende für alle Mitarbeiter im Food und Beverage Bereich müssen vermieden werden. Eine genaue Statistik über die Beanspruchung des Personals in den verschiedenen Abteilungen der Gastronomie zu den verschiedenen Tageszeiten hilft, Leerlauf zu vermeiden und die Mitarbeiter volumengerecht einzusetzen.

eigener Betrieb: (Ideen, Verbesserungen, Umsetzung, Test, Verantwortung, Termin)

NR. 016

LEAN MANAGEMENT: **Food & Beverage**

Marketing - Qualitätsverbesserungsvorschlag

überprüfen	wird gemacht	verbessern	nicht anwendbar	Ideen	Aktion
☐	☐	☐	☐	☐	☐

Mit dem Gast darf man nicht üben! Jede Speisekarte hat ein eigenes verkaufsförderndes Vokabular. Unter Ausschluß der Öffentlichkeit sind mit den Servicemitarbeitern Verkaufsgespräche zu üben. Von der Begrüßung bis zur Verabschiedung des Gastes darf nichts dem Zufall überlassen werden. Es empfiehlt sich, mit den Mitarbeitern auch Konkurrenzbetriebe zu besuchen. Hier versetzt sich der Mitarbeiter in die „Gastrolle" und wird für Servicequalität sensibilisiert.

eigener Betrieb: (Ideen, Verbesserungen, Umsetzung, Test, Verantwortung, Termin)

LEAN MANAGEMENT: **Food & Beverage**

NR. 016

Rationalisierungsvorschlag

überprüfen	*wird gemacht*	*verbessern*	*nicht anwendbar*	*Ideen*	*Aktion*
☐	☐	☐	☐	☐	☐

Es wird in Übereinstimmung mit den Wünschen der Mitarbeiter versucht, Dienst- und Urlaubspläne in Anpassung an die Schwankungen des Geschäftsvolumens zu gestalten. Musterdienstpläne zur Auswahl für die Mitarbeiter für jede Art von planbarem Geschäft, rechtzeitige und geschickte Urlaubsplanung (jeder Mitarbeiter schlägt selbst zwei unterschiedliche Urlaubswünsche vor), die Planung der dienstfreien Tage in enger Übereinstimmung mit der zu erwarteten Kapazitätsauslastung sorgen dafür, bei hohem Gästevolumen auch die verfügbaren Mitarbeiter einsetzen zu können.

eigener Betrieb: (Ideen, Verbesserungen, Umsetzung, Test, Verantwortung, Termin)

NR. 017

LEAN MANAGEMENT: **Food & Beverage**

Marketing - Qualitätsverbesserungsvorschlag

überprüfen	wird gemacht	verbessern	nicht anwendbar	Ideen	Aktion
☐	☐	☐	☐	☐	☐

Immer mehr will der Gast Gastronomie „erleben"; besonders während seines Urlaubs möchte er sich nicht mehr passiv verhalten. Alle Arten von Selbstbedienungsbuffets, „Mixen Sie sich Ihren Lieblingscocktail selbst", Kochkurse für Stammgäste oder „Besuchen Sie den Gemüsemarkt mit unserem Küchenchef" lassen den Gast aktiv am gastronomischen Geschehen teilnehmen.

eigener Betrieb: (Ideen, Verbesserungen, Umsetzung, Test, Verantwortung, Termin)

LEAN MANAGEMENT: **Food & Beverage**

NR. 017

Rationalisierungsvorschlag

überprüfen	wird gemacht	verbessern	nicht anwendbar	Ideen	Aktion
☐	☐	☐	☐	☐	☐

Der Abbau von Teil- oder Splitdienst für Küchen und Restaurants läßt sich mit Teilzeitkräften leichter bewältigen. Teilzeitkräfte, die den gleichen sozialen Schutz wie Vollzeitkräfte haben, sind erfahrungsgemäß pro Arbeitsstunde produktiver; arbeitet jemand anstelle von acht bis zehn Stunden am Tag nur vier oder sechs Stunden, erscheint er im Service in seiner kürzeren Arbeitszeit auch freundlicher, dienstleistungsbereiter zu sein. Drei Teilzeitkräfte sind in der Praxis mindestens so produktiv wie zwei Vollzeitkräfte. Es gilt auch im Gastgewerbe, den Anteil an Teilzeitbeschäftigten zu steigern. Die Vorteile der Teilzeitbeschäftigten im Food und Beverage Bereich sind vielfältig: Bessere Bewältigung von Arbeitsspitzen im gestaffelten Dienstplan, kontinuierliche Beschäftigung aller Mitarbeiter und damit verminderte Leerzeiten, produktiver Ersatz für Fehl- und Urlaubszeiten der Vollbeschäftigten, Einsatz für Tätigkeiten ohne lange Anlaufzeiten, bessere Anpassungsmöglichkeiten der Beschäftigtenanzahl an den unterschiedlichen Arbeitsanfall, Umwandlung der fixen Personalkosten in variableren Personalaufwand.

eigener Betrieb: (Ideen, Verbesserungen, Umsetzung, Test, Verantwortung, Termin)

NR. 018   *LEAN MANAGEMENT:* **Food & Beverage**

Marketing - Qualitätsverbesserungsvorschlag

überprüfen	wird gemacht	verbessern	nicht anwendbar	Ideen	Aktion
☐	☐	☐	☐	☐	☐

Locken Sie Ihr direktes Umfeld — Ihre Nachbarn ins Restaurant. Ein Kochwettbewerb für Hausfrauen im gastronomischen Betrieb. Die Aktion „Hausfrauen aus dem Ort kochen an einem Tag für das Restaurant" kommt oft auch dem Wunsch nach regionaler Küche entgegen. Mit Preisen und Presse läßt sich der Bekanntheitsgrad des Betriebes steigern.

eigener Betrieb: (Ideen, Verbesserungen, Umsetzung, Test, Verantwortung, Termin)

LEAN MANAGEMENT: **Food & Beverage**

NR. 018

Rationalisierungsvorschlag

| überprüfen | wird gemacht | verbessern | nicht anwendbar | Ideen | Aktion |
| □ | □ | □ | □ | □ | □ |

Im Sinne der Rationalisierung sollte überprüft werden, ob es gerade in der Küche nicht Tätigkeiten gibt, die von angelernten Teilzeitkräften übernommen werden können. Bei der Übernahme von Leistungen mit geringer Qualifikationsanforderung können angelernte Teilzeitkräfte einerseits zur Entlastung der Vollzeitkräfte beitragen, andererseits kann es dadurch auch zu einer Optimierung des Personalaufwandes insgesamt kommen.

eigener Betrieb: (Ideen, Verbesserungen, Umsetzung, Test, Verantwortung, Termin)

NR. 019

LEAN MANAGEMENT: **Food & Beverage**

Marketing - Qualitätsverbesserungsvorschlag

überprüfen	*wird gemacht*	*verbessern*	*nicht anwendbar*	*Ideen*	*Aktion*
☐	☐	☐	☐	☐	☐

Acht Stunden kann niemand lächeln! Lächeln kann auch nur jemand, der was zu lächeln hat. Alle Servicemitarbeiter stellen sich namentlich bei einer Gästegruppe vor und sollen sich persönlich verantwortlich in Ihrer Gastgeberrolle fühlen. Die Aktion „Stammgäste wählen den freundlichsten Mitarbeiter des Betriebes" soll den Schwerpunkt der Führung eines gastgewerblichen Betriebes auf die Verkaufsatmosphäre, d.h. das Klima verlagern.

eigener Betrieb: (Ideen, Verbesserungen, Umsetzung, Test, Verantwortung, Termin)

LEAN MANAGEMENT: **Food & Beverage**

NR. 019

Rationalisierungsvorschlag

überprüfen	*wird gemacht*	*verbessern*	*nicht anwendbar*	*Ideen*	*Aktion*
☐	☐	☐	☐	☐	☐

Jegliche Einsparungsmöglichkeiten bei Überstunden, Nachtarbeit und betrieblichen Sozialversicherungen sollten mit Fachleuten besprochen werden. Grundsätzlich müssen alle Ansprüche für Überstunden, Feiertage, Urlaube und Freitage jeweils in Anpassung an die Kapazitätsauslastung abgebaut und nicht kumuliert werden. Aushilfen auf Abruf und Stundenbasis können bei Krankheit und unvorhergesehenem Geschäft dann zur Verfügung stehen, wenn sich die Direktion in einer ruhigen Zeit um dieses variable Personal bemüht und das branchenfremde Personal schult.

eigener Betrieb: (Ideen, Verbesserungen, Umsetzung, Test, Verantwortung, Termin)

NR. 020

LEAN MANAGEMENT: **Food & Beverage**

Marketing - Qualitätsverbesserungsvorschlag

überprüfen	wird gemacht	verbessern	nicht anwendbar	Ideen	Aktion
☐	☐	☐	☐	☐	☐

Mindestens einmal zu mittags und abends sollte sich auch ein Küchenchef während des Service als „Verkäufer" im Restaurant zeigen. Bei größeren Gästegruppen bespricht und empfiehlt der Küchenchef „seine" Menüs im Restaurant. Auch beim Bankettverkauf ist der Vertrauensbonus, den ein Küchenchef — der Fachmann — genießt, nicht zu unterschätzen. In der Regel ist er bei Großveranstaltungen der bessere Verkäufer.

eigener Betrieb: (*Ideen, Verbesserungen, Umsetzung, Test, Verantwortung, Termin*)

LEAN MANAGEMENT: **Food & Beverage**　　　　**NR. 020**

Rationalisierungsvorschlag

überprüfen	wird gemacht	verbessern	nicht anwendbar	Ideen	Aktion
☐	☐	☐	☐	☐	☐

Mitarbeiter für den Food und Beverage Bereich sind, wo immer möglich, auswechselbar zu schulen. Bei der Einstellung von neuen Mitarbeitern werden Spezialisten vermieden. Es gibt schon Gastronomen, die Koch-Kellner, Mitarbeiter mit zwei Lehrabschlüssen, einstellen und mit kombinierten Einstellungsverträgen für vielseitig einsetzbare Mitarbeiter sorgen.

eigener Betrieb: (Ideen, Verbesserungen, Umsetzung, Test, Verantwortung, Termin)

NR. 021 LEAN MANAGEMENT: Food & Beverage

Marketing - Qualitätsverbesserungsvorschlag

überprüfen ☐ wird gemacht ☐ verbessern ☐ nicht anwendbar ☐ Ideen ☐ Aktion ☐

Auch eine räumliche Trennung zwischen Selbstbedienung, Schnellservice und dem gemütlichen Restaurantteil kann den Gästewünschen entgegenkommen. Verschiedene Zielgruppen unter einem Dach. Weg von Suppe — Hauptgang — Dessert und hin zu einer reichen Auswahl an gesundem Essen. Kinder sind die Gäste von morgen! Einfallsreiche und gesunde Kindermenüs werben für Familien. Kinder müssen als Gäste beschäftigt werden, sonst beschäftigen sie den Gastronomen (Kinderspielzeug, Zwergerl-Menüs, Rätsel-Menüs, Kinderstammtisch, Kissenschlacht, Kinderbesteck, Kleinkinderstühle). Wer die Kinder gewinnt, hat die Eltern schon gewonnen.

eigener Betrieb: (Ideen, Verbesserungen, Umsetzung, Test, Verantwortung, Termin)

LEAN MANAGEMENT: **Food & Beverage**

NR. 021

Rationalisierungsvorschlag

überprüfen *wird gemacht* *verbessern* *nicht anwendbar* *Ideen* *Aktion*

☐ ☐ ☐ ☐ ☐ ☐

Bessere Geschäftsprognosen in Dienstleistungseinheiten pro Servicezeit (z.B. Anzahl der Frühstücksgäste), festgelegte Arbeitsleistungsstandards pro Mitarbeiter und gestaffelte Arbeitszeiten, alle Arten von Selbstbedienungsbüffets (Salatbüffet, Dessertbuffet, Veranstaltungsbüffet etc.) erfordern weniger Servicemitarbeiter. Das stündlich erfaßte Gäste- und Umsatzvolumen pro Wochentag und Monat kann für derartige Überlegungen als Grundlage dienen. Rollierende Dienstpläne, freiwählbare Arbeitszeiten aller Mitarbeiter, die Erfüllung von Wunschdienstplänen, die Möglichkeit, zwischen Teilzeit- und Vollzeitbeschäftigung zu wählen und ohne Karriereverlust zu wechseln, die weitgehende Selbstbestimmbarkeit seines eigenen Arbeitseinsatzes und die Einführung zumindest vierzehntägiger Dienstpläne zur besseren Planbarkeit auch der eigenen Freizeit und das Arbeiten mit Zeitkonten pro Mitarbeiter gehören in den Bereich der flexiblen oder individuellen Arbeitszeit. Nur mit zufriedenen Mitarbeitern lassen sich Qualitätsdienstleistungen in der Zukunft bewältigen.

eigener Betrieb: (Ideen, Verbesserungen, Umsetzung, Test, Verantwortung, Termin)

NR. 022 LEAN MANAGEMENT: Food & Beverage

Marketing - Qualitätsverbesserungsvorschlag

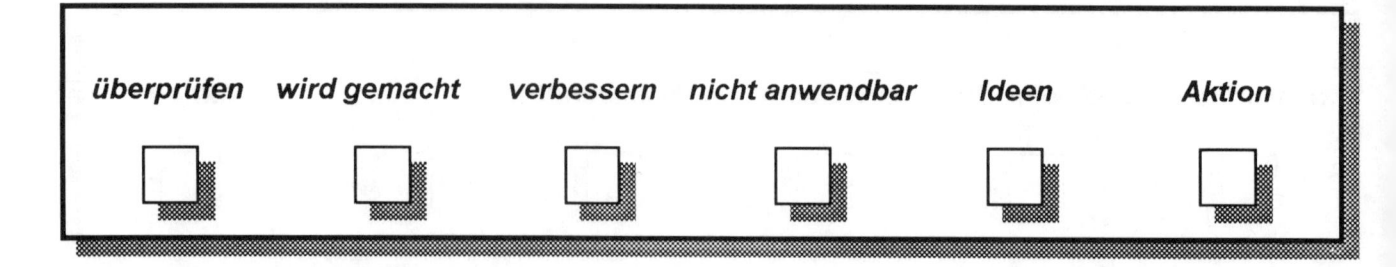

| überprüfen | wird gemacht | verbessern | nicht anwendbar | Ideen | Aktion |
| ☐ | ☐ | ☐ | ☐ | ☐ | ☐ |

Steuern Sie Ihr „Geruchsklima" im gastronomischen Betrieb. Zur Frühstücks-, Mittags- und Abendzeit muß es passend riechen, zum Beispiel „Backstubengeruch" zur Winterszeit. Wenn es angenehm riecht, läßt sich die Aufenthaltsdauer der Gäste verlängern und damit der Umsatz steigern. Die Verkaufsatmosphäre ist auch entscheidend von der passenden und stilvollen Beleuchtung mit entsprechender Lichtfarbe abhängig. Ein spezieller Beleuchtungsplan zu den verschiedenen Service- und Jahreszeiten sollte für jeden Betrieb erstellt werden.

eigener Betrieb: (Ideen, Verbesserungen, Umsetzung, Test, Verantwortung, Termin)

LEAN MANAGEMENT: **Food & Beverage**

NR. 022

Rationalisierungsvorschlag

überprüfen	*wird gemacht*	*verbessern*	*nicht anwendbar*	*Ideen*	*Aktion*
☐	☐	☐	☐	☐	☐

Auch für kleinere Betriebe ist es ratsam, Arbeitsplatzbeschreibungen für einfache Mitarbeiter und Stellenbeschreibungen für Führungskräfte im Food und Beverage Bereich einzuführen. Hier werden für Mitarbeiter ohne Weisungsbefugnis die normalen Arbeitsabläufe auch im Zeitablauf erfaßt und bei Führungskräften der Delegationsbereich mit Aufgaben, Kompetenzen und Verantwortung festgelegt. Viele Betriebe lassen diese Arbeitsplatz- oder Stellenbeschreibungen Gegenstand des individuellen Arbeitsvertrages werden.

eigener Betrieb: (*Ideen, Verbesserungen, Umsetzung, Test, Verantwortung, Termin*)

NR. 023

LEAN MANAGEMENT: **Food & Beverage**

Marketing - Qualitätsverbesserungsvorschlag

überprüfen	wird gemacht	verbessern	nicht anwendbar	Ideen	Aktion
☐	☐	☐	☐	☐	☐

Der Gast ist der beste Betriebsberater. Regelmäßig durchgeführte Gästebefragungen, Ideenwettbewerbe mit Abstimmung oder Verlosung von Preisen helfen dem Gastronomen, mehr über die Gästewünsche zu erfahren. Innovationen in einem Betrieb sind immer gastzentriert zu formulieren und können nur mit den Augen des Gastes erfolgreich sein. Der „Clubgedanke", das Punktesammeln wie bei den Vielfliegern (für jede konsumierte DM 50 wird ein Punkt auf die Stammgäste-Kreditkarte gebucht) steigern das Zugehörigkeitsgefühl des Gastes mit einer Bindung zum Betrieb.

eigener Betrieb: (Ideen, Verbesserungen, Umsetzung, Test, Verantwortung, Termin)

LEAN MANAGEMENT: **Food & Beverage** **NR. 023**

Rationalisierungsvorschlag

überprüfen	*wird gemacht*	*verbessern*	*nicht anwendbar*	*Ideen*	*Aktion*
☐	☐	☐	☐	☐	☐

Zu jedem Rationalisierungsprogramm gehört die fachgerechte Einführung von Checklisten. Das tägliche Routineprogramm im Gastgewerbe darf nicht ermüden und betriebsblind machen; es muß wieder Zeit für kreative, unternehmerische Tätigkeiten gewonnen werden. Das Organisationshilfsmittel „Checkliste" dient in erster Linie zur Qualitätssicherung. Da Checklisten nur am Arbeitsplatz selbst sinnvoll erarbeitet werden können, führen sie automatisch zur Arbeitserleichterung, zur Zeitersparnis und zeigen neue Wege zur Rationalisierung und Verbesserung der Arbeitsabläufe. Checklisten sind perfekte Delegationsinstrumente, mit denen auch neue Mitarbeiter eingewiesen, angewiesen und geschult werden können. Die Möglichkeit zur Selbstkontrolle der Mitarbeiter motiviert, steigert Erfolgserlebnisse und perfektioniert Routinearbeiten.

eigener Betrieb: (Ideen, Verbesserungen, Umsetzung, Test, Verantwortung, Termin)

NR. 024 LEAN MANAGEMENT: **Food & Beverage**

Marketing - Qualitätsverbesserungsvorschlag

überprüfen	wird gemacht	verbessern	nicht anwendbar	Ideen	Aktion
☐	☐	☐	☐	☐	☐

Verkaufsbesonderheiten, sogenannte „Giveaways" (z.B. für Hundebesitzer bedruckte Schachteln für Knochen, Spezialgefäße für Cocktails zum Mitnehmen, mit Namenszug gravierte Eierbecher mit „lachenden Eiern", Holzeieruhren als Geschenke mit Urlaubssand, knipsbereite Polaroid-Kameras etc.), erhöhen den Erinnerungswert an den gastronomischen Betrieb. Ideenwirbel-Konferenzen („Brainstorming") mit allen Mitarbeitern aus der Gastronomie helfen die Qualität — eine Summe von Kleinigkeiten — zu steigern.

eigener Betrieb: (Ideen, Verbesserungen, Umsetzung, Test, Verantwortung, Termin)

| LEAN MANAGEMENT: Food & Beverage | NR. 024 |

Rationalisierungsvorschlag

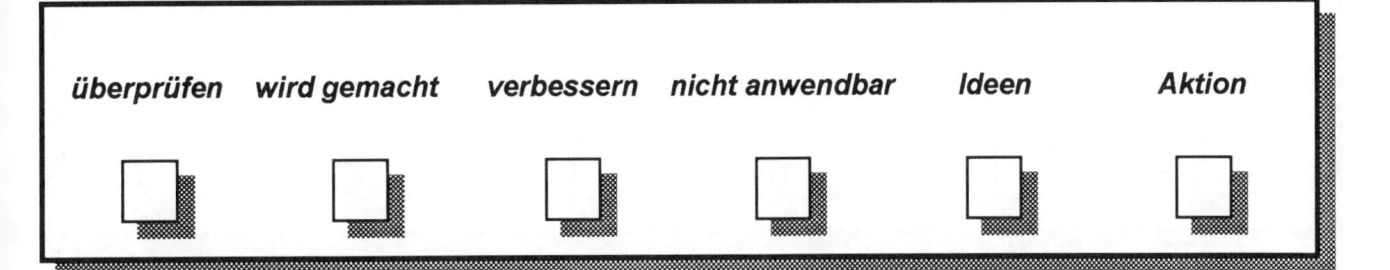

überprüfen	wird gemacht	verbessern	nicht anwendbar	Ideen	Aktion
☐	☐	☐	☐	☐	☐

Eine monatliche Kontrolle des Energieverbrauchs und der Wartungs- und Instandhaltungskosten zeigt ein weiteres Feld von Rationalisierungsreserven auf. So verhindern automatische Temperaturkontrollen im Belüftungssystem die Überheizung; Checklisten für alle technischen Geräte dienen nicht nur der Sicherheit, sondern auch der Energieeinsparung; Energieleistungsmesser, Zwischenzähler pro Bereich helfen den Stromverbrauch zu kontrollieren; zum Kühlen von Speisen in Gefäßen sollten kein fließendes Leitungswasser, sondern sparende Kühlgeräte verwendet werden; ein detaillierter Beleuchtungs- und Heizungsplan muß der jeweiligen Jahres- und Tageszeit angepaßt werden; mit einem Kontrollplan sorgt eine nächtliche Überprüfung dafür, daß alle nicht benötigten Geräte (z.B. Spülmaschinen) abgeschaltet sind; für die Überprüfung und optimale Ausnützung der Energielieferungen seitens der Stadtwerke wird eine Gesellschaft für Energiekostenkontrollen eingeschaltet, die mit den verschiedenen Tarifen und der günstigsten Berechnung vertraut ist.

eigener Betrieb: (Ideen, Verbesserungen, Umsetzung, Test, Verantwortung, Termin)

NR. 025   *LEAN MANAGEMENT:* **Food & Beverage**

Marketing - Qualitätsverbesserungsvorschlag

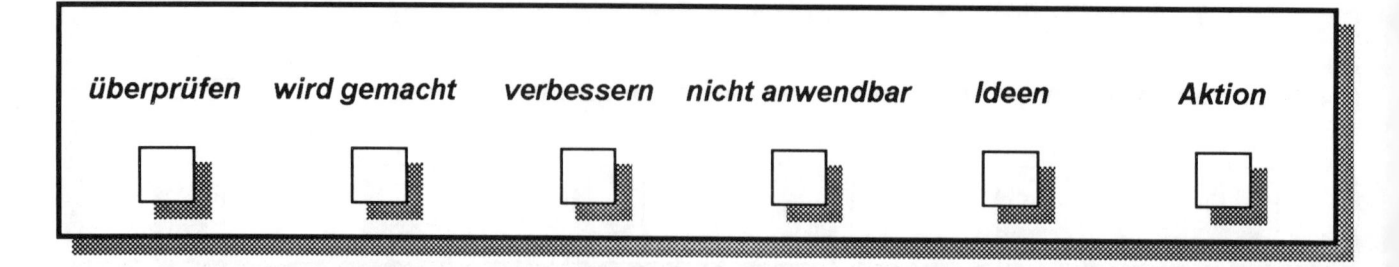

überprüfen	wird gemacht	verbessern	nicht anwendbar	Ideen	Aktion
☐	☐	☐	☐	☐	☐

Sehr erfolgreich ist bei Hotel-Restaurants der Zimmerrabatt für Restaurantgäste. Gäste, die im Hotel-Restaurant speisen, bekommen für die an den Tag anschließende Nacht auf den Zimmerpreis eine Gutschrift von zum Beispiel 10% ihrer bezahlten Restaurantrechnung. Hotelgäste werden eher das Hotel-Restaurant besuchen und auch ihre Bekannten und Geschäftspartner dort einladen, wenn sich der Restaurantbesuch auf der Hotelrechnung auszahlt.

eigener Betrieb: (Ideen, Verbesserungen, Umsetzung, Test, Verantwortung, Termin)

LEAN MANAGEMENT: **Food & Beverage** **NR. 025**

Rationalisierungsvorschlag

überprüfen	*wird gemacht*	*verbessern*	*nicht anwendbar*	*Ideen*	*Aktion*
☐	☐	☐	☐	☐	☐

Eine wesentliche Kennzahl stellt das Verhältnis zwischen Verwaltungsaufwand zum Produktionsaufwand (Küche und Service) dar. Hier wird die Rentabilität der Organisation und vor allen Dingen der Kontrolle in Frage gestellt. Was bringt die Einführung von Datenverarbeitung und komplizierten Warenwirtschaftskontrollen per Computer für den jeweiligen Betrieb? Lohnt sich der Kontrollaufwand? Welche Kennzahlensysteme sind als Frühwarnsysteme für den Food-und-Beverage-Bereich sinnvoll? Zumindest in der gleichen Gewichtung wie Kostenkontrollen (Wareneinsatzkontrollen für Speisen und Getränke) sind für marktorientierte Betriebe Umsatz- und Marketingkontrollen durchzuführen.

eigener Betrieb: (Ideen, Verbesserungen, Umsetzung, Test, Verantwortung, Termin)

V. Rationalisierung und Qualitätssicherung im Beherbergungsbereich der Hotellerie

V. Rationalisierung und Qualitätssicherung im Beherbergungsbereich der Hotellerie

Alle Rationalisierungsmaßnahmen und Überlegungen zum „Schlanken Management" in Hotellerie und Gastronomie sind wenig wert, ohne den bestimmenden Rahmen einer guten Betriebsorganisation. Viele Hoteliers halten auch ihr Organisationskonzept für modern und optimal, obwohl es schon seit Gründung des Unternehmens besteht und grundsätzlich kaum Änderungen erfahren hat.[15]

Die einzig dramatische Beeinflussung der Organisationsstruktur erfolgte über den hohen Personalwechsel, die Mitarbeiterfluktuation. Vielleicht waren auch einmal alle Hotelabteilungen bei der Eröffnung des Betriebes gut organisiert. Stellenbeschreibungen, Arbeitsplatzbeschreibungen, Organigramme und Handbücher (Manuals) sorgten zu Beginn für durchrationalisierte Arbeitsabläufe. Mit dem zunehmenden Mitarbeiterwechsel – besonders auf der Ebene der Abteilungsleiter – führten neue Leute auch neue Arbeitsverfahren, ja neue Standards in ihrer Abteilung ein. Dies kann sich – muß aber nicht – zum Vorteil für die Betriebsorganisation ausgewirkt haben.

Ein Grund mehr, um an einer permanenten Analyse, In-Fragestellung und Bewertung bestehender Arbeitsabläufe festzuhalten.

Eine perfekte Hotelorganisation gibt es nicht. Vielmehr hat sich wohl durch ein „trial and error"-Verfahren eine Organisationstruktur entwickelt, die das jeweilige Hotelmanagement mehr oder weniger zufriedenstellt.

In Zeiten der wirtschaftlichen Rezession, der Umsatz- und Gewinneinbußen, neigt man allzu schnell dazu, in einer Art Radikalkur – besonders beim Personal – bis zum Skelett abzumagern. Mehr Service und Dienstleistungsqualität durch „Menschenhand" scheint sich niemand mehr leisten zu können. Die „zu Tode rationalisierten Hotelbetriebe" gelten als stumme Zeugen des teuflischen Kreislaufs:

Die Gäste bleiben weg oder beschränken ihr Ausgabebudget für die Hotellerie, der Hotelier hat zu viele Mitarbeiter und damit zu hohe Personalkosten, Entlassungen und Einsparungen verschlechtern den Service für die wenigen Gäste, die noch kommen und nun enttäuscht werden, die Zimmerpreise werden gesenkt, Dienstleistung ist nicht mehr bezahlbar, die Devise heißt: Auslastung um jeden Preis – der Überlebenskampf am engen Markt hat begonnen.

---

[15] Vgl. Witzky, Practical Hotel-Motel Cost Reduction Handbook, S. 17.

Der äußerst erfolgreiche Industriemanager Senator Stuart Symington veröffentlichte einmal seine Managementstrategie in wirtschaftlich schlechten Zeiten:

(1) Besorgen Sie sich einen guten Rechtsanwalt.

(2) Entlassen Sie Ihre Buchhalter und Steuerberater und stellen Sie neue Leute ein, die einen frischen und optimistischen Blick für Ihre Zahlen und Ihre Finanzsituation mitbringen.

(3) Lassen Sie sich von seriösen Branchenspezialisten beraten.

(4) Seien Sie hart aber fair zu Ihren Mitarbeitern.

(5) Entwickeln Sie eine schlanke Organisationsstruktur.

(6) Vereinfachen und standardisieren Sie, wo immer Sie können.

(7) Investieren Sie in Ihre Mitarbeiter, qualifizieren und motivieren Sie sie.

(8) Konzentrieren Sie sich auf Ihre Kunden.

Ohne Zweifel kann heute nur das Hotelmanagement überleben, dem es gelingt, sich kostenmäßig geschickt an das sinkende und negativ schwankende Geschäftsvolumen anzupassen bei gleichzeitiger Verbesserung oder zumindest Beibehaltung des Qualitätsniveaus für den Gast. Derartige „leane Konzepte" sind nur mit hochmotivierten Mitarbeitern vorstellbar, die in einem engen Vertrauensverhältnis zur Unternehmensführung mit Eigeninitiative mitdenken und mithandeln.

Wohl ganz im Gegensatz zum personalintensiven Food und Beverage Bereich wurden schon immer „echte Deckungsbeiträge" im Beherbergungsbereich der Hotellerie erwirtschaftet. So konnten bezogen auf die Logiserlöse 70 bis 85 % Bruttogewinn erzielt werden. Jede Umsatz-DM im Beherbergungsbereich half bei relativ geringen direkt zurechenbaren Kosten wie Empfang, Reservierung, Hausdamenbereich, Wäsche, Wartung, Reinigung und Energie den enormen Fixkostenblock eines Hotels mit abzudecken. Vielleicht gerade weil man im Logisbereich in der Vergangenheit noch vernünftige Deckungsbeiträge verzeichnen konnte, wurde das Rationalisierungspotential des Beherbergungsbereichs in vielen Betrieben nicht voll ausgeschöpft.

Die folgende Auswahl und Beschreibung einiger in der Praxis bewährter Rationalisierungsideen soll dazu anregen, sich ein eigenes Rationalisierungsprogramm für den Beherbergungsbereich maßzuschneidern. Im Sinne einer weitergehenden Lean Management-Konzeption sollten aber stets alle Rationalisierungsmaßnahmen unter dem „Filter der Service- und Qualitätsverbesserung für den Gast" bewertet und nachfragegerecht auf die unterschiedlichen Hoteltypen abgestimmt werden.

Rationalisierungspotential im BEHERBERGUNGSBEREICH

Reservierungskosten
- Reservierungskosten
- Wäschekosten
- Reinigungskosten
- Energiekosten
- Außer-Haus-Verträge
- Gästeartikel/Drucksachen
- Minibars

Produktivität
- Training
- Kennzahlensysteme

Standards

Arbeitsabläufe
- Reservierung
- Check-In, Check-Out
- Zimmerreinigung
- allgemeine Reinigung
- Wartung
- Kommunikation

Optimierung
- Verkaufstechnik
- Zimmervermietungsplan
- Reinigung/Wartung
- Gästebetreuung

- Reservierung
- Telefon
- Hotelempfang
- Portier/Information
- Hausdamenbereich

Flexible Angebotspolitik
- Zimmertypen
- Yield Management
- Preispolitik
- Gästemix
- Marketingtechnik

Methoden
- Arbeitsablaufanalysen
- Zeit- und Bewegungsstudien
- Einführung von Checklisten
- Arbeitsplatz-, Stellenbeschreibungen
- Standardisierungen
- Zielvereinbarungen - Prioritätenanalysen
- Infragestellung der Ist-Leistung
- Kosten-Nutzen-Analysen
- Schwachstellenanalysen
- Varianzanalysen
- zwischenbetriebliche Kennzahlenvergleiche
- Brainstormingverfahren, Identifikation

Personalkosten
- Dienstplanformen
- Flexible Arbeitszeit

Hotel-Technik / Hotel-Sicherheit / Qualitätssicherung

Administration
- Organisation
- Reservierungssysteme
- Kontrollsysteme
- Kontrollaufwand
- Buchhaltung
- EDV-Einsatz

NR. 001   *LEAN MANAGEMENT:* **Beherbergung**

Marketing - Qualitätsverbesserungsvorschlag

überprüfen	wird gemacht	verbessern	nicht anwendbar	Ideen	Aktion
☐	☐	☐	☐	☐	☐

Der optische Zimmerverkauf ist bei verschiedenen Zimmertypen zu unterschiedlichen Preisen meist erfolgreicher. Eine beleuchtete Verkaufsmappe mit Dias, die die verschiedensten Zimmertypen mit individueller Einrichtung zeigen, hilft dem Empfangspersonal, die teuren Zimmer zuerst zu verkaufen. Auch eine Videokassette, die das differenzierte Beherbergungsangebot sowie Restaurants, Bars, Tagungsmöglichkeiten und Fitnessanlagen etc. im Umfeld des Hotels mit Anfahrtshinweisen veranschaulicht, kann als Verkaufsprospekt dienen. Bei Mailings wird die Bestellkarte für die Kassette beigefügt. Kommt es zur Buchung, fallen keine Kosten für die Video-Verkaufskassette an.

eigener Betrieb: (Ideen, Verbesserungen, Umsetzung, Test, Verantwortung, Termin)

LEAN MANAGEMENT: **Beherbergung**

NR. 001

Rationalisierungsvorschlag

überprüfen	*wird gemacht*	*verbessern*	*nicht anwendbar*	*Ideen*	*Aktion*
☐	☐	☐	☐	☐	☐

Ältere Hotels können über eine gezielte Investition und Verbesserung der Badezimmer (neue Waschbecken, Duschen, Kacheln etc.) ihre Zimmerpreise leicht erhöhen. Marktuntersuchungen haben gezeigt, daß die Preisakzeptanz des Gastes meist über das helle, freundliche und modern ausgestattete Badezimmer läuft. Ein kleiner Hinweis: „Interessieren Sie sich für unsere beleuchteten Schmink- und Rasierspiegel oder Bademäntel? Fragen Sie nur am Hotelempfang nach", kann Zusatzumsatz bringen.

eigener Betrieb: (Ideen, Verbesserungen, Umsetzung, Test, Verantwortung, Termin)

NR. 002 *LEAN MANAGEMENT:* **Beherbergung**

Marketing - Qualitätsverbesserungsvorschlag

überprüfen	wird gemacht	verbessern	nicht anwendbar	Ideen	Aktion
☐	☐	☐	☐	☐	☐

Das Umweltbewußtsein der Gäste ist allgemein gestiegen. So kann ein Hotel sowohl mit umweltorientiertem Management als auch mit einer intakten Umwelt (Ruhe in Dezibel — tagsüber und nachts, gute und saubere Luft, klares Naturwasser, Naturschutzgebiete, Ökobauweise etc.) werben. Bitten Sie Ihre Gäste um umweltbewußte Verbesserungsvorschläge.

eigener Betrieb: (Ideen, Verbesserungen, Umsetzung, Test, Verantwortung, Termin)

LEAN MANAGEMENT: **Beherbergung**

NR. 002

Rationalisierungsvorschlag

überprüfen	*wird gemacht*	*verbessern*	*nicht anwendbar*	*Ideen*	*Aktion*
☐	☐	☐	☐	☐	☐

Jeder Quadratmeter im Beherbergungsbereich muß auf seine Verkaufsfähigkeit untersucht werden. Oft erscheint es ratsam, aufwendige und großräumige Etagenoffices in Einzelzimmer umzufunktionieren. Einige Hotels haben einen Teil ihrer Suiten in kleinere Konferenzräume zusammengefaßt und umgewandelt. Die Nachfrage nach kleinen eleganten Konferenzräumen für zehn bis zwölf Personen war entschieden höher als der Bedarf an Suiten. Auch die extra gewartete Nicht-Raucher-Etage (weniger Reinigungs- und Erhaltungsaufwand), eventuell sogar zu etwas höheren Zimmerpreisen, kommt der ständig wachsenden Anzahl von Nicht-Raucher-Gästen entgegen.

eigener Betrieb: (Ideen, Verbesserungen, Umsetzung, Test, Verantwortung, Termin)

NR. 003

LEAN MANAGEMENT: **Beherbergung**

Marketing - Qualitätsverbesserungsvorschlag

überprüfen	*wird gemacht*	*verbessern*	*nicht anwendbar*	*Ideen*	*Aktion*
☐	☐	☐	☐	☐	☐

Es gilt das Corporate Design (Logo, Emblem, Namenszug) des Hotelbetriebes wo immer möglich zu vermarkten. Hochwertige Bademäntel, Schirme, Kleidersäcke, Freizeitkleidung, Reisetaschen, Kosmetika, Regenstiefel oder Sonnenhüte, die das Markenzeichen des Betriebes tragen, eignen sich zum Eigen- oder Drittverkauf.

eigener Betrieb: (Ideen, Verbesserungen, Umsetzung, Test, Verantwortung, Termin)

LEAN MANAGEMENT: **Beherbergung**

NR. 003

Rationalisierungsvorschlag

überprüfen	*wird gemacht*	*verbessern*	*nicht anwendbar*	*Ideen*	*Aktion*
☐	☐	☐	☐	☐	☐

Alle Möglichkeiten in der Empfangshalle und der Hotelgarage durch vermietete Vitrinen, passend zur Innendekoration, mit einem kleinen Angebot von Mitbringseln (Spielzeug, Torten, Pralinen, hausgemachte Marmelade etc.) direkt zum Verkauf an der Empfangskasse können auch dem Geschäftsreisenden entgegenkommen und verbessern den Zusatzumsatz. Es sollte auch überprüft werden, welche Produkte der Spätdienst am Empfang (Service zu Unzeiten) als Außer-Haus-Verkauf anbieten könnte.

eigener Betrieb: (Ideen, Verbesserungen, Umsetzung, Test, Verantwortung, Termin)

NR. 004

LEAN MANAGEMENT: **Beherbergung**

Marketing - Qualitätsverbesserungsvorschlag

überprüfen	*wird gemacht*	*verbessern*	*nicht anwendbar*	*Ideen*	*Aktion*
☐	☐	☐	☐	☐	☐

Alle Gastkontaktmitarbeiter (Empfangspersonal, Zimmermädchen, Hoteldiener, Kellner u.a.) sollten während ihres Dienstes hoteleigene und einheitliche Visitenkarten den Gästen bei passender Gelegenheit überreichen können. Im aufklappbaren Innenteil der Visitenkarte werden je nach Abteilung, in der der Mitarbeiter beschäftigt ist, Zusatzinformationen für die Gäste (z.B. bei einem Bankettkellner interessante Informationen über Tagungsmöglichkeiten, bei einem Zimmermädchen der Hinweis über einen Babysitter-Service) in kurzer Form angeboten.

eigener Betrieb: (Ideen, Verbesserungen, Umsetzung, Test, Verantwortung, Termin)

LEAN MANAGEMENT: **Beherbergung**

NR. 004

Rationalisierungsvorschlag

überprüfen	*wird gemacht*	*verbessern*	*nicht anwendbar*	*Ideen*	*Aktion*
☐	☐	☐	☐	☐	☐

Mit der Marketingstrategie „Die qualifiziertesten, teuersten und motiviertesten Mitarbeiter (Abteilungsleiter) müssen an die Gastfront und sollen sich persönlich um unsere Gäste bemühen" haben auch einige Hoteldirektoren in Privathotels selbst ihr Büro (Schreibtisch) direkt in der Empfangshalle aufgeschlagen. Die Gäste werden nun vom Besitzer persönlich begrüßt und willkommengeheißen und nicht mehr von einer einfachen und vielleicht unmotivierten Empfangsangestellten.

eigener Betrieb: (Ideen, Verbesserungen, Umsetzung, Test, Verantwortung, Termin)

NR. 005

LEAN MANAGEMENT: **Beherbergung**

Marketing - Qualitätsverbesserungsvorschlag

überprüfen	wird gemacht	verbessern	nicht anwendbar	Ideen	Aktion
☐	☐	☐	☐	☐	☐

Spätestens bei der Abreise werden die (zufriedenen) Gäste gefragt, ob man für sie tentativ für einen gewünschten Zeitraum das gleiche Zimmer vorreservieren darf. Selbst in Stadthotels ist der vielreisende Geschäftsmann dankbar, sein Zimmer wieder buchen zu können, sein Terminplan steht oft für das kommende Halbjahr fest. So werben in Ferienhotels einige Hoteliers mit einem ansprechenden Diavortrag in der Wintersaison schon drei Tage vor der Abreise für die kommende Sommersaison.

eigener Betrieb: (Ideen, Verbesserungen, Umsetzung, Test, Verantwortung, Termin)

LEAN MANAGEMENT: Beherbergung

NR. 005

Rationalisierungsvorschlag

überprüfen	wird gemacht	verbessern	nicht anwendbar	Ideen	Aktion
☐	☐	☐	☐	☐	☐

Genaue Marktuntersuchungen geben Aufschluß darüber, ob sich die Konzeption „Hotel im Hotel" lohnt. Hier werden Luxusetagen mit entsprechendem Preisniveau und speziellem Service, separatem Check-in, Check-out mit Clubatmosphäre geschaffen und sollen andere Gästezielgruppen ansprechen. Der normale und/oder Gruppengast wird mit dem üblichen Service und Preis-Leistungs-Verhältnis zufriedengestellt, hat aber keinen Zugang zu diesem Luxusangebot des Hotels.

eigener Betrieb: (Ideen, Verbesserungen, Umsetzung, Test, Verantwortung, Termin)

NR. 006

LEAN MANAGEMENT: **Beherbergung**

Marketing - Qualitätsverbesserungsvorschlag

| überprüfen | wird gemacht | verbessern | nicht anwendbar | Ideen | Aktion |

Hotels mit „amputierten" Kleiderbügeln, die der Gast nicht mitnehmen kann (Kleiderbügelschienen), denken um. Der elegante Holzkleiderbügel als Werbegeschenk (evtl. mit den Initialen des Gastes und dem Hotelemblem) kann als Langzeitwerbung wirken. Auch auf Verkaufsreisen der Marketingabteilung eines Hotels erinnern überreichte Kleiderbügel intensiv an das zu „füllende" Hotel.

eigener Betrieb: (Ideen, Verbesserungen, Umsetzung, Test, Verantwortung, Termin)

LEAN MANAGEMENT: **Beherbergung**

NR. 006

Rationalisierungsvorschlag

überprüfen	*wird gemacht*	*verbessern*	*nicht anwendbar*	*Ideen*	*Aktion*
☐	☐	☐	☐	☐	☐

Der Wäsche-Umweltaufkleber im Badezimmer „Lieber Gast — bitte entscheiden Sie: Handtücher auf den Boden heißt: Bitte austauschen. Handtücher auf den Halter heißt: Ich benutze sie ein weiteres Mal — der Umwelt zuliebe..." hat in Mittelklassehotels sicherlich zu Einsparungen bei den Wäschekosten geführt. Allerdings sollte man dann bei der Seife (Ersatz durch kleine Seifenspender) und beim Duschgel (noch immer in umweltunverträglichen Plastikbehältern) sowie beim Angebot der Gästeartikel selbst keine eigenen Umweltsünden begehen.

eigener Betrieb: (*Ideen, Verbesserungen, Umsetzung, Test, Verantwortung, Termin*)

NR. 007

LEAN MANAGEMENT: **Beherbergung**

Marketing - Qualitätsverbesserungsvorschlag

überprüfen	*wird gemacht*	*verbessern*	*nicht anwendbar*	*Ideen*	*Aktion*
☐	☐	☐	☐	☐	☐

Der kostenlose Versand von Postkarten (evtl. Hotelansicht in der Umgebung) ist nicht nur für Feriengäste interessant, sondern auch in Stadthotels für Geschäftsreisende. Die Frankierung mit Sondermarken kostet kein extra Geld, spricht aber so manchen Sammler an. Ein entsprechender Hinweis über diesen Service sollte beim Portier und bei der Schreibmappe im Hotelzimmer angebracht sein.

eigener Betrieb: (Ideen, Verbesserungen, Umsetzung, Test, Verantwortung, Termin)

LEAN MANAGEMENT: **Beherbergung** **NR. 007**

Rationalisierungsvorschlag

| *überprüfen* | *wird gemacht* | *verbessern* | *nicht anwendbar* | *Ideen* | *Aktion* |
| ☐ | ☐ | ☐ | ☐ | ☐ | ☐ |

In schlichten Ferienhotels wird mit dem Hinweis geworben: „Schlummern Sie in Ihrer eigenen Wäsche". Der Gast bringt für seinen Urlaub seine eigene Bettwäsche mit und bestimmt selbst das Auswechseln und den Wäschereidienst. Oft bietet man den Gästen auch die Auswahl vor der Urlaubsbuchung: Übernachtungspreise mit oder ohne Zimmermädchenservice. Eventuell fällt dann für das Hotel nur noch bei der Abreise die gründliche Endreinigung an. Ersatzbettwäsche und Handtücher werden alle vier Tage zur Selbstbedienung auf die Zimmer gelegt.

eigener Betrieb: (Ideen, Verbesserungen, Umsetzung, Test, Verantwortung, Termin)

NR. 008

LEAN MANAGEMENT: **Beherbergung**

Marketing - Qualitätsverbesserungsvorschlag

überprüfen	*wird gemacht*	*verbessern*	*nicht anwendbar*	*Ideen*	*Aktion*
☐	☐	☐	☐	☐	☐

Die Hausdame als „Marketingfaktor" ist als Schulungsleiterin für alle Empfangs- und Reservierungsmitarbeiter einzusetzen. Alle Mitarbeiter, die aktiv Zimmer verkaufen, müssen über die Lage, Ausstattung, Mobiliar und Annehmlichkeiten von jedem Zimmertyp im Hotel informiert sein. Eine Woche bei der Zimmerkontrolle mit der Hausdame hilft jedem Empfangsmitarbeiter bei seinem „Verkaufsvokabular" und sorgt für mehr Harmonie und Verständnis zwischen der Hausdamen- und der Empfangsabteilung.

eigener Betrieb: (Ideen, Verbesserungen, Umsetzung, Test, Verantwortung, Termin)

LEAN MANAGEMENT: **Beherbergung**

NR. 008

Rationalisierungsvorschlag

überprüfen *wird gemacht* *verbessern* *nicht anwendbar* *Ideen* *Aktion*

Die Hausdame selbst sollte sich vielmehr um den Einkauf der Reinigungsmittel, Staubsauger, Gästeartikel etc. bemühen. Grundsätzlich sind hier mehrere Angebote einzuholen; es ist zu empfehlen, aufgrund des ermittelten Jahresverbrauchs auch günstigere Jahresabschlüsse mit Lieferungen auf Abruf zu vereinbaren; grundsätzlich spielen beim Einkauf Naturalrabatte, die Zahlungsbedingungen und auch die buchhalterische Abwicklung eine besondere Rolle. Um auf dem Sektor der Hotelreinigung immer auf dem Stand der letzten Entwicklung zu sein, sollte die Hausdame auch stets alle größeren Reinigungsmessen besuchen können. Im Einzugsbereich sind die Möglichkeiten des gemeinsamen Einkaufs, der Kooperation mit Kollegen zu überprüfen.

eigener Betrieb: (Ideen, Verbesserungen, Umsetzung, Test, Verantwortung, Termin)

NR. 009

LEAN MANAGEMENT: **Beherbergung**

Marketing - Qualitätsverbesserungsvorschlag

überprüfen	*wird gemacht*	*verbessern*	*nicht anwendbar*	*Ideen*	*Aktion*
☐	☐	☐	☐	☐	☐

Der Gast sieht anders! Vor der Gestaltung von Werbemitteln, zum Beispiel einem neuen Hotelprospekt, hat es sich in Urlaubshotels bewährt, einen Fotowettbewerb für die Gäste: „Auf der Suche nach den schönsten Urlaubsmotiven im und um das Hotel" zu veranstalten. Die besten Fotos werden prämiert und dienen als Vorlage für den professionellen Fotografen zur Gestaltung von Werbemitteln.

eigener Betrieb: (*Ideen, Verbesserungen, Umsetzung, Test, Verantwortung, Termin*)

LEAN MANAGEMENT: Beherbergung

NR. 009

Rationalisierungsvorschlag

überprüfen	wird gemacht	verbessern	nicht anwendbar	Ideen	Aktion
☐	☐	☐	☐	☐	☐

Eine monatliche Überprüfung von Kennzahlen wie Wäschekosten pro belegtes Zimmer, Drucksachen, Gästeartikel (Seife, Duschgel, Kosmetika etc.) pro Gast, die Abrechnung der Minibars, die Kosten der Außer-Haus-Verträge (Fensterputzen, Nachreinigung, Dekoration, Lohnbuchhaltung außer Haus etc.) muß von den Abteilungsleitern vorgenommen werden. Zahlentransparenz steigert das Kostenbewußtsein und ermöglicht erst die Erstellung von Kosten-Budgets für die einzelne Abteilung.

eigener Betrieb: (Ideen, Verbesserungen, Umsetzung, Test, Verantwortung, Termin)

NR. 010

LEAN MANAGEMENT: **Beherbergung**

Marketing - Qualitätsverbesserungsvorschlag

überprüfen	wird gemacht	verbessern	nicht anwendbar	Ideen	Aktion
☐	☐	☐	☐	☐	☐

Lassen Sie Ihre Lieferanten gut über Ihren Betrieb sprechen. Eine ausführliche Hausdokumentation, die Einladung zum Tag der offenen Tür, regelmäßige Informationen über Dienstleistungen, Aktionen und auch Preisgestaltung helfen Ihrem Lieferanten, mit dem neuesten Informationsstand bei seinen anderen Geschäftspartnern für Sie zu werben. Wer orientiert ist, informiert automatisch andere.

eigener Betrieb: (Ideen, Verbesserungen, Umsetzung, Test, Verantwortung, Termin)

LEAN MANAGEMENT: **Beherbergung**

NR. 010

Rationalisierungsvorschlag

überprüfen	*wird gemacht*	*verbessern*	*nicht anwendbar*	*Ideen*	*Aktion*
☐	☐	☐	☐	☐	☐

In halbjährlichen Abständen sollte überprüft werden, ob Eigenwäsche, Leasing-Fremdwäsche nicht qualitativ und/oder kostengünstiger (immer in Übereinstimmung mit dem gewünschten Qualitätsniveau) sein kann. Lohnt sich überhaupt die eigene Wäscherei? Gibt es Möglichkeiten, im Rahmen einer Kooperation und Kostenaufteilung die Hotelwäsche mit einem Kollegenbetrieb selbst zu waschen und dann auch bedarfsgerecht mengen- und qualitätsmäßig besser zu fahren als mit einer Fremdfirma? Pauschalaussagen zu dieser Problematik helfen nicht weiter; Kosten- und Qualitätskontrollen sollten hierbei Entscheidungen unterstützen.

eigener Betrieb: (Ideen, Verbesserungen, Umsetzung, Test, Verantwortung, Termin)

NR. 011

LEAN MANAGEMENT: **Beherbergung**

Marketing - Qualitätsverbesserungsvorschlag

überprüfen	wird gemacht	verbessern	nicht anwendbar	Ideen	Aktion
☐	☐	☐	☐	☐	☐

Die Anzahl der Computer-Freunde nimmt täglich zu. Um an gering ausgelasteten Wochenenden die Jugend als zukünftige Hotelgäste zu begeistern, können (zu entsprechenden Preisen) Wochenendkurse mit führenden Hard- und Software-Firmen bei Vollpension mit Fitnessprogramm sehr großen Anklang finden. Eventuell sind auch einige Hotelmitarbeiter an derartigen Intensivschulungen interessiert. Mehr Umsatz und mehr Schulung für den organisierenden Betrieb begeistern Mitarbeiter wie Unternehmer.

eigener Betrieb: (Ideen, Verbesserungen, Umsetzung, Test, Verantwortung, Termin)

LEAN MANAGEMENT: **Beherbergung**

NR. 011

Rationalisierungsvorschlag

überprüfen   *wird gemacht*   *verbessern*   *nicht anwendbar*   *Ideen*   *Aktion*

☐   ☐   ☐   ☐   ☐   ☐

Checklisten für alle technischen Geräte dienen nicht nur der Sicherheit, sondern auch der Energieeinsparung. Energieberater, die auf Erfolgsbasis bezahlt werden, können hier hilfreich sein. Sämtliche Gästezimmer sind mit einheitlich festgelegten Lichtquellen zu versehen. Wassersparhähne und Dosierungsbehälter für den Wasserverbrauch der WCs, Generalstromschalter beim Gästezimmereingang, zeitlich reduzierte Beleuchtungen für die Flure sind nur ein kleiner Beitrag zur Umweltorientierung bei gleichzeitiger Kostenersparnis.

eigener Betrieb: (*Ideen, Verbesserungen, Umsetzung, Test, Verantwortung, Termin*)

NR. 012

LEAN MANAGEMENT: **Beherbergung**

Marketing - Qualitätsverbesserungsvorschlag

überprüfen	wird gemacht	verbessern	nicht anwendbar	Ideen	Aktion
☐	☐	☐	☐	☐	☐

Pflegen Sie des Deutschen liebstes Kind — sein Auto! Mit der Übernachtung kann auch mit einer benachbarten Garage ein Autowaschdienst vereinbart werden. Unter dem Motto „Wir hoffen nicht nur Ihnen verehrter Gast, sondern auch Ihrem Auto Serviceleistungen erbringen zu dürfen", werden auf dem Hotelparkplatz Windschutzscheiben und Scheinwerfer gereinigt, bei Schneefall und Frost die Scheiben abgedeckt; Parkzeitanzeiger mit Hotellogo, Handschneebesen, Fensterreiniger und andere nützliche Kleinigkeiten erinnern den Gast ständig an den guten Service des Hotels.

eigener Betrieb: (Ideen, Verbesserungen, Umsetzung, Test, Verantwortung, Termin)

LEAN MANAGEMENT: **Beherbergung**

NR. 012

Rationalisierungsvorschlag

überprüfen	*wird gemacht*	*verbessern*	*nicht anwendbar*	*Ideen*	*Aktion*
☐	☐	☐	☐	☐	☐

Der gesamte Hotelbetrieb wird dahingehend überprüft, ob Wärmeverluste durch undichte Fenster oder Türen entstehen können. Die Heizkörperverkleidungen in den Gästezimmern und öffentlichen Räumen sind wärmeabgabefreundlich. Pro Hoteletage kann der Energieverbrauch kontrolliert und bei Nichtbelegung gesteuert werden. Ein genauer Beleuchtungs- und Klimatisierungsplan nach Jahres- und Tageszeit hilft Kosten zu senken.

eigener Betrieb: (Ideen, Verbesserungen, Umsetzung, Test, Verantwortung, Termin)

NR. 013 LEAN MANAGEMENT: **Beherbergung**

Marketing - Qualitätsverbesserungsvorschlag

überprüfen wird gemacht verbessern nicht anwendbar Ideen Aktion
☐ ☐ ☐ ☐ ☐ ☐

Sind einige Ihrer Mitarbeiter selbst Mitglieder von Vereinen, Sportclubs, Verband der Ehemaligen..., Berufsorganisationen? Lassen Sie Ihre Mitarbeiter mit Stolz ihren Betrieb anläßlich einer Betriebsbesichtigung mit kostenloser Bewirtung zeigen. Die enge Verbundenheit zum Hotelbetrieb, aber auch die nächste Veranstaltung des betreffenden Vereins oder der Abschlußklasse kommen Ihrem Hause zu Gute.

eigener Betrieb: (Ideen, Verbesserungen, Umsetzung, Test, Verantwortung, Termin)

LEAN MANAGEMENT: **Beherbergung** NR. 013

Rationalisierungsvorschlag

| überprüfen | wird gemacht | verbessern | nicht anwendbar | Ideen | Aktion |
| ☐ | ☐ | ☐ | ☐ | ☐ | ☐ |

Freizeitpläne (Dienstpläne) sollten 14tägig, wenn möglich, in enger Anpassung an die voraussichtliche Kapazitätsauslastung (belegte Zimmer, Anzahl der Ankünfte und Abreisen) angepaßt werden. Die Planung der dienstfreien Tage erfolgt in enger Übereinstimmung an die Schwankungen des Geschäftsvolumens. Die Basisinformationen dazu liefert die Prognose der Empfangsabteilung. So hat es sich in einigen Hotels bewährt, daß der Empfangschef auch die Dienstpläne für den Hausdamenbereich unterschreiben muß. Damit wird erreicht, daß rechtzeitige Informationen über Abbestellungen, der Prozentsatz der No-shows, die Anzahl der Gäste ohne Reservierung und Änderungen beim Gruppengeschäft der Hausdame für ihre Planung lückenlos und verantwortungsbewußt weitergegeben werden.

eigener Betrieb: (Ideen, Verbesserungen, Umsetzung, Test, Verantwortung, Termin)

NR. 014

LEAN MANAGEMENT: **Beherbergung**

Marketing - Qualitätsverbesserungsvorschlag

überprüfen	wird gemacht	verbessern	nicht anwendbar	Ideen	Aktion
☐	☐	☐	☐	☐	☐

Yield-Managementsysteme haben nicht unbedingt zur klaren Transparenz bei der Zimmerpreispolitik beigetragen. Ein ewiges Ärgernis sind auch bei Stammgästen die oft überzogenen Messepreise (z.B. Modewoche, Oktoberfestpreise). Zwar versteht der kaufmännisch gebildete Gast das Spiel von Angebot und Nachfrage, kann aber das Preiskarussell mit Wochenendpreisen, Stand-by Tarifen, Vorauszahlungspreisen und viele andere Preisdifferenzierungen kaum durchschauen. Vielleicht ist ein Übernachtungsgutschein in der Nebensaison bei drei vorher vollbezahlten Messetagen eine akzeptable Preispolitik für den Stammgast.

eigener Betrieb: (Ideen, Verbesserungen, Umsetzung, Test, Verantwortung, Termin)

LEAN MANAGEMENT: Beherbergung

NR. 014

Rationalisierungsvorschlag

| überprüfen | wird gemacht | verbessern | nicht anwendbar | Ideen | Aktion |
| ☐ | ☐ | ☐ | ☐ | ☐ | ☐ |

Zu überprüfen sind die täglichen Zeitfallen im Hausdamenbereich: Zeitverluste durch An- und Umziehen während der Arbeitszeit, Warten auf Arbeitszuteilung, Warten auf Arbeitsmaterial (Hotelwäsche), unkontrollierter Arbeitsschichtwechsel, unkontrollierte Frühstücks-, Mittags- und Abendpausen. Moderne Zeiterfassungssysteme (Zeit-Kreditkarten für jeden Mitarbeiter) sollten jeder Abteilung zur Verfügung stehen.

eigener Betrieb: (Ideen, Verbesserungen, Umsetzung, Test, Verantwortung, Termin)

NR. 015

LEAN MANAGEMENT: **Beherbergung**

Marketing - Qualitätsverbesserungsvorschlag

| überprüfen | wird gemacht | verbessern | nicht anwendbar | Ideen | Aktion |
| ☐ | ☐ | ☐ | ☐ | ☐ | ☐ |

Bei geringer Kapazitätsauslastung kann die gezielte Einladung von Berufskollegen aus dem Aus- und Inland (Abteilungsleiter aus befreundeten Kollegenbetrieben) zu Spezialpreisen zur Verkaufsförderung beitragen. Empfangschefs und Portiers empfehlen dann ihren Gästen, diese Betriebe in der betreffenden Stadt zu besuchen. Auch kann der kritische Rundgang und die Bitte um Verbesserungsvorschläge eines Kollegen an einem seiner Urlaubstage der eigenen Betriebsblindheit entgegenwirken.

eigener Betrieb: (Ideen, Verbesserungen, Umsetzung, Test, Verantwortung, Termin)

LEAN MANAGEMENT: **Beherbergung**

NR. 015

Rationalisierungsvorschlag

überprüfen	*wird gemacht*	*verbessern*	*nicht anwendbar*	*Ideen*	*Aktion*
☐	☐	☐	☐	☐	☐

Die Mitarbeiter werden rechtzeitig gebeten, zwei alternative Urlaubswünsche (Sommer, Winter) dem Abteilungsleiter zu geben. Mitarbeiter mit schulpflichtigen Kindern werden dann während der Schulferien ihren zustehenden Urlaub erhalten. Sonst werden auch Urlaubspläne in Anpassung an die voraussehbaren Schwankungen der Hotelbelegung angepaßt. So lassen sich auch teure Aushilfen zur Urlaubsvertretung reduzieren, bei hoher Kapazitätsauslastung kann das gesamt verfügbare Vollzeitpersonal eingeteilt werden.

eigener Betrieb: (Ideen, Verbesserungen, Umsetzung, Test, Verantwortung, Termin)

NR. 016

LEAN MANAGEMENT: **Beherbergung**

Marketing - Qualitätsverbesserungsvorschlag

überprüfen	wird gemacht	verbessern	nicht anwendbar	Ideen	Aktion
☐	☐	☐	☐	☐	☐

Die Hinweiskarte auf dem Nachttisch des Hotelzimmers, daß „ich als Zimmermädchen aus dem Ausland komme und leider noch nicht so gut Deutsch spreche, aber alles tun werde, um für einen angenehmen Aufenthalt des Gastes zu sorgen", weist zwar selbst auf Schwächen des Betriebes hin, kann aber Goodwill und Verständnis beim Gast erzeugen.

eigener Betrieb: (Ideen, Verbesserungen, Umsetzung, Test, Verantwortung, Termin)

LEAN MANAGEMENT: **Beherbergung** NR. 016

Rationalisierungsvorschlag

überprüfen	wird gemacht	verbessern	nicht anwendbar	Ideen	Aktion
☐	☐	☐	☐	☐	☐

Die Leerlaufzeit bei Arbeitsbeginn wird durch die Einführung von gestaffelten Dienstplänen (= pro Wochentag und Mitarbeiter unterschiedlicher Arbeitsbeginn) vermieden. Traditionelle Schicht-Dienstpläne müssen dem tatsächlich anfallenden Arbeitsvolumen angepaßt werden (Gäste kommen nicht in Schichten). Für die notwendigen sonstigen Arbeiten im Hausdamenbereich kann es günstiger sein, auch sonstige Reinigungskräfte einzustellen und nicht die Zimmermädchen mit diesen Arbeiten auszulasten zu versuchen. Lieber weniger Zimmermädchen, die nur auf der Etage arbeiten, und separat Mitarbeiter für allgemeine Reinigungsaufgaben einstellen.

eigener Betrieb: (Ideen, Verbesserungen, Umsetzung, Test, Verantwortung, Termin)

NR. 017

LEAN MANAGEMENT: **Beherbergung**

Marketing - Qualitätsverbesserungsvorschlag

überprüfen	wird gemacht	verbessern	nicht anwendbar	Ideen	Aktion
☐	☐	☐	☐	☐	☐

Lob erfreut uns, Kritik bringt uns weiter! Nach diesem Muster sind viele Gästefragebogen mit Bewertungen wie in der Schule aufbereitet. Bittet man den Gast bei einem längeren Aufenthalt doch in einem „Couponheft" aufzuschreiben, welcher Service oder auch welche Mitarbeiter ihm am besten gefallen haben, sucht er während seines Aufenthaltes nur das Positive und speichert es, wenn er diesen Service als sein bestes Erlebnis notiert. Kritiker dieser Methode der Gästebefragung sprechen von *„fishing for compliments"* — vielleicht schaffen sich Hoteliers aber auch selbst Probleme, wenn sie mit negativ formulierten Checklisten den Gast um Kritik bitten.

eigener Betrieb: *(Ideen, Verbesserungen, Umsetzung, Test, Verantwortung, Termin)*

LEAN MANAGEMENT: **Beherbergung** NR. 017

Rationalisierungsvorschlag

| überprüfen | wird gemacht | verbessern | nicht anwendbar | Ideen | Aktion |

Klar definierte Leistungsmaßstäbe (Standards) (z.B. Anzahl der zu reinigenden Abreise- oder Bleibezimmer pro Arbeitsstunde und Zimmermädchen) dienen als Grundlage für Mitarbeiterschulung und für auslastungsgerechte tägliche Dienstplaneinteilung. Das Reviersystem (Zimmermädchen sind immer für die gleichen Zimmer zuständig) hat viele Vorteile, muß aber aus reinen Produktivitätsgründen der Mischform weichen. Bei dieser Mischform bekommen die Zimmermädchen festzugewiesene Zimmer mit einer Zimmerzustandskartei, für die sie verantwortlich sind, müssen jedoch täglich je nach Zimmerbelegung und gemäß der Arbeitsleistungsstandards auch andere, belegte Zimmer reinigen.

eigener Betrieb: (Ideen, Verbesserungen, Umsetzung, Test, Verantwortung, Termin)

NR. 018

LEAN MANAGEMENT: **Beherbergung**

(Marketing - Qualitätsverbesserungsvorschlag)

überprüfen	wird gemacht	verbessern	nicht anwendbar	Ideen	Aktion
☐	☐	☐	☐	☐	☐

Gäste werben für Gäste. Wenn ein Stammgast einen neuen Gast bringt und in der belegungsschwachen Zeit für ihn bucht, wird er je nach der zusätzlichen Umsatzhöhe mit Gratisgetränken, einem kostenlosen Wochenende etc. belohnt. Die Zusammenarbeit mit Airlines, um zum Beispiel im „miles and more"-Vielfliegerprogramm auch bei Übernachtungen in angeschlossenen Hotelketten „miles" gutgeschrieben zu bekommen, soll die „Sammler"-Gäste an bestimmte Airlines oder Hotels binden. Dieses Punkteprogramm mit Treueprämien läßt sich auch in Privathotels leicht nachvollziehen.

eigener Betrieb: (Ideen, Verbesserungen, Umsetzung, Test, Verantwortung, Termin)

LEAN MANAGEMENT: **Beherbergung**

NR. 018

Rationalisierungsvorschlag

überprüfen	*wird gemacht*	*verbessern*	*nicht anwendbar*	*Ideen*	*Aktion*
☐	☐	☐	☐	☐	☐

Um für die regulären, festeingestellten Zimmerfrauen bessere Dienst-Freizeitpläne erstellen zu können, lassen einige Hotels am Wochenende und an Feiertagen mit einer Reinigungsfirma oder mit Aushilfen (Studenten) die Zimmeranzahl reinigen, die am Folgetag benötigt wird. Vielleicht können einige Zimmer liegengelassen werden und dann zum Beispiel am Montag vom Stammpersonal ohne Leerlaufzeit bewältigt werden. Höhere Produktivität und familiengerechte Arbeitszeiten für die regulären Mitarbeiter können die Folge sein.

eigener Betrieb: (Ideen, Verbesserungen, Umsetzung, Test, Verantwortung, Termin)

NR. 019

LEAN MANAGEMENT: **Beherbergung**

Marketing - Qualitätsverbesserungsvorschlag

überprüfen	wird gemacht	verbessern	nicht anwendbar	Ideen	Aktion
☐	☐	☐	☐	☐	☐

So mancher mittelständischer Hotelier glaubt, sich eine eigene Marketingabteilung nicht leisten zu können. Hier empfiehlt es sich aber, mit freiberuflichen Hotelverkäufern auf Provisionsbasis zu arbeiten. Der Betrieb stellt Verkaufs- und Werbematerial und gibt dem Hotelverkäufer die Preisvorstellungen sowie die schlecht ausgelasteten Tage während der einzelnen Monate zum Verkauf. Interessant kann für kleine Betriebe auch die Beschäftigung einer freiberuflichen PR(Public Relations)-Mitarbeiterin mit guten Pressekontakten sein.

eigener Betrieb: (Ideen, Verbesserungen, Umsetzung, Test, Verantwortung, Termin)

LEAN MANAGEMENT: **Beherbergung**

NR. 019

Rationalisierungsvorschlag

überprüfen	*wird gemacht*	*verbessern*	*nicht anwendbar*	*Ideen*	*Aktion*
☐	☐	☐	☐	☐	☐

Jedes Hotel sollte überprüfen, ob es nicht gerade im Hausdamenbereich günstiger ist, nur noch mit Teilzeitkräften (z.B. Hausfrauen) zu arbeiten. Teilzeitkräfte sind pro Arbeitsstunde produktiver, kapazitätsgerechter einzusetzen (Verlegenheitsbeschäftigungen entfallen) und für die Hausdame viel besser planbar.

eigener Betrieb: (*Ideen, Verbesserungen, Umsetzung, Test, Verantwortung, Termin*)

NR. 020

LEAN MANAGEMENT: **Beherbergung**

(Marketing - Qualitätsverbesserungsvorschlag)

überprüfen	wird gemacht	verbessern	nicht anwendbar	Ideen	Aktion
☐	☐	☐	☐	☐	☐

Potentielle Gästeadressen sind wertvoll. Die Bitte um Weiterempfehlung bei Stammgästen und Tagungsveranstaltern oder auch die gezielte und freundliche Befragung der Gäste, wer aus dem Bekanntenkreis als neuer Gast für das Hotel in Frage kommen könnte, kann bei der Suche nach neuen Gästen erfolgreich sein. Gerade im Bankett- und Tagungsgeschäft können äußerst zufriedene Veranstalter bei einer entsprechenden „Nachbehandlung" als Multiplikator wirken.

eigener Betrieb: (Ideen, Verbesserungen, Umsetzung, Test, Verantwortung, Termin)

LEAN MANAGEMENT: **Beherbergung**

NR. 020

Rationalisierungsvorschlag

| *überprüfen* | *wird gemacht* | *verbessern* | *nicht anwendbar* | *Ideen* | *Aktion* |

Arbeitet das Hotel mit Aushilfen, sollte überlegt werden, diese geringfügig Beschäftigten nicht mehr pro Stunde zu bezahlen, sondern nach Leistung (Stücklohn). Die Aushilfe wird für jedes gereinigte und natürlich von der Hausdame überprüfte Zimmer bezahlt. Die in der Praxis gemachten Erfahrungen zeigen, daß einerseits die Zimmer schneller (und gut) gereinigt werden und andererseits die Aushilfspersonalkosten sinken.

eigener Betrieb: (Ideen, Verbesserungen, Umsetzung, Test, Verantwortung, Termin)

NR. 021 LEAN MANAGEMENT: Beherbergung

Marketing - Qualitätsverbesserungsvorschlag

überprüfen	wird gemacht	verbessern	nicht anwendbar	Ideen	Aktion
☐	☐	☐	☐	☐	☐

Kombinationsgeschäfte sind auch beim Zimmerverkauf möglich und im Detail für den betreffenden Betriebstyp zu untersuchen. So können beispielsweise mit der Zimmerreservierung Stadtrundfahrten, Kulturabende, Theaterbesuche, ärztlich beaufsichtigte Fitnessprogramme, Mietwagen, Tischreservierungen für Spezialitätenabende, fremdsprachlich geschulte Stadtführer, Besuch von Sportveranstaltungen etc. als Zusatzleistungen mitverkauft werden.

eigener Betrieb: (Ideen, Verbesserungen, Umsetzung, Test, Verantwortung, Termin)

LEAN MANAGEMENT: **Beherbergung**

NR. 021

Rationalisierungsvorschlag

überprüfen	*wird gemacht*	*verbessern*	*nicht anwendbar*	*Ideen*	*Aktion*
☐	☐	☐	☐	☐	☐

Die meist unbeaufsichtigten Nachtreinigungsarbeiten im Hotel werden von sehr früh zur Arbeit eingeteilten Reinigungskräften übernommen (Reinigung der Empfangshalle, Restaurants, Veranstaltungsräume etc.). Grundsätzlich wird für alle Mitarbeiter, die in der Nacht im Hotel arbeiten (Empfang, Portier, technische Abteilung), ein täglich überprüfbares Arbeitsprogramm erstellt. Wo immer möglich, werden auch im Großhotel Stellen zusammengelegt (z.B. während der Nacht wird der Telefondienst vom Nachtportier übernommen).

eigener Betrieb: (Ideen, Verbesserungen, Umsetzung, Test, Verantwortung, Termin)

NR. 022 LEAN MANAGEMENT: **Beherbergung**

Marketing - Qualitätsverbesserungsvorschlag

überprüfen	*wird gemacht*	*verbessern*	*nicht anwendbar*	*Ideen*	*Aktion*
☐	☐	☐	☐	☐	☐

Der Gast darf sich nicht mit zu vielen Werbemitteln überfordert fühlen. Prospekte, Aufkleber, Tafeln, bedruckte Tischsets, Tischkartenaufsteller, hauseigene Video-Werbefilme etc. versuchen oft mit unglaubwürdigen und übertriebenen Werbeaussagen den Gast zu beeinflussen. Weniger kann hier oft mehr sein. Es gilt die Aufmerksamkeit der Gäste auf den Betrieb zu lenken, und das kann nur mit besonderen Präsentationen in der Angebotspolitik gelingen. Ein computererstellter Biorhythmus mit geistigen und physischen Stärkezeiten des Tages, ein individuell erstelltes Horoskop nach dem Geburtsdatum und den dazu empfohlenen Hoteldienstleistungen, Werbebriefe in Form einer Babyflasche (Babyhotel) treten sicherlich aus dem Rahmen der üblichen Werbemittel heraus. Das Ziel heißt Differenzierung: Anders als die Konkurrenz und besser, als es der Gast erwartet!

eigener Betrieb: (*Ideen, Verbesserungen, Umsetzung, Test, Verantwortung, Termin*)

LEAN MANAGEMENT: Beherbergung

NR. 022

Rationalisierungsvorschlag

| überprüfen | wird gemacht | verbessern | nicht anwendbar | Ideen | Aktion |

Das gesamte Empfangspersonal ist wechselseitig auf die verschiedenen Aufgaben (Empfang, Kasse, Telefon, Reservierung) trainiert und wird je nach Arbeitsanfall variabel zu besserem Service für den Gast eingesetzt. Kleinere Hotels beschäftigen die Empfangsangestellten auch mit buchhalterischen Aufgaben und sparen so in der Administration. Warum sollte unter dem Motto „Wir sind alle eine große Familie" nicht auch einmal ein interessierter Kellner in der ruhigen Gastronomiezeit sich mit Arbeiten am Empfang vertraut machen. Vielleicht ist auch die Empfangsdame bereit, mittags als Hosteß die Gäste im Restaurant zu begrüßen und zu plazieren.

eigener Betrieb: (Ideen, Verbesserungen, Umsetzung, Test, Verantwortung, Termin)

NR. 023

LEAN MANAGEMENT: **Beherbergung**

Marketing - Qualitätsverbesserungsvorschlag

überprüfen	*wird gemacht*	*verbessern*	*nicht anwendbar*	*Ideen*	*Aktion*
☐	☐	☐	☐	☐	☐

Viele Gäste sehen und hören ihren eigenen Namen am liebsten. Diesem Wunsch kommen Ferienhotels nach, die jedem Gast bei Ankunft zwanzig Visitenkarten und persönliches Briefpapier mit seinem Namen, Titel und der Hoteladresse überreichen. Durch die Verteilung dieser Visitenkarten und Briefe bei Freunden und Bekannten entsteht auch ein gewisser Werbeeffekt für das Hotel. Stammgast-Urkunden für langjährige, treue Gäste und dezente Hotelanstecknadeln erinnern die Mitarbeiter an diesen besonderen und ausgezeichneten Stammgast.

eigener Betrieb: *(Ideen, Verbesserungen, Umsetzung, Test, Verantwortung, Termin)*

LEAN MANAGEMENT: **Beherbergung**

NR. 023

Rationalisierungsvorschlag

überprüfen	*wird gemacht*	*verbessern*	*nicht anwendbar*	*Ideen*	*Aktion*
☐	☐	☐	☐	☐	☐

Im Arbeitsvertrag vereinbarte Arbeitsplatzbeschreibungen regeln den normalen, auch zeitlichen Arbeitsablauf eines einfachen Mitarbeiters ohne Weisungsbefugnis. Natürlich soll das Organisationshilfsmittel Arbeitsplatzbeschreibung nicht begrenzen. So erscheint es in großen Hotels oft ratsam, Hoteldiener und Pagen der Empfangsabteilung auch zeitweise als zusätzliche Hilfe der Hausdame zuzuordnen. Wäschebestückung und andere schwerere Arbeiten auf der Etage übernehmen stundenweise diese Mitarbeiter, und bei Bedarf (Gästeankünften) werden die Hausdiener mit einem Rufsystem wieder in der Empfangshalle eingesetzt.

eigener Betrieb: (Ideen, Verbesserungen, Umsetzung, Test, Verantwortung, Termin)

NR. 024

LEAN MANAGEMENT: **Beherbergung**

Marketing - Qualitätsverbesserungsvorschlag

| überprüfen | wird gemacht | verbessern | nicht anwendbar | Ideen | Aktion |
| □ | □ | □ | □ | □ | □ |

Nicht nur für die Hausdame kann der Wunsch des Gastes nach einer Spätabreise Probleme bringen (Zimmerreinigung am späten Nachmittag), auch am Empfang gewinnen die neuankommenden Gäste bei längerer Wartezeit auf ihr Zimmer einen schlechten ersten Eindruck. Besteht man am Empfang auf pünktliche Abreise, wird der abreisende Gast verärgert. Um beiden Seiten guten Willen zu zeigen, bieten einige Hotels den Spätabreisenden kleinere Erfrischungsräume (ohne Betten) an und sind ihnen mit dem Gepäck behilflich. Sollten neue Gäste doch warten müssen, verwöhnt man sie mit Willkommensgetränken, lokalen Tageszeitungen und sorgt für ihr Gepäck.

eigener Betrieb: (Ideen, Verbesserungen, Umsetzung, Test, Verantwortung, Termin)

LEAN MANAGEMENT: **Beherbergung**

NR. 024

Rationalisierungsvorschlag

| *überprüfen* | *wird gemacht* | *verbessern* | *nicht anwendbar* | *Ideen* | *Aktion* |
| □ | □ | □ | □ | □ | □ |

Ganze Hotelketten haben sich entschlossen, die Zimmerreinigung einer externen Reinigungsfirma zu übergeben. Die im Hotel festeingestellte Hausdame überprüft mit Checklisten das von der Vorarbeiterin der Reinigungsfirma freigegebene Zimmer (doppelte Qualitätsüberprüfung) und hat als Ansprechpartnerin auch nur diese Vorarbeiterin; erst wenn alle Zimmer überprüft wurden, darf die Reinigungsfirma das Hotel verlassen. Nur jedes überprüfte Zimmer wird bezahlt; die Reinigungsmittel und Arbeitsgeräte werden vom Hotel bestimmt und zur Verfügung gestellt. Die in der Praxis gemachten Erfahrungen mit der externen Reinigung (die zu reinigende Zimmeranzahl wird am Vortag der Reinigungsfirma bekanntgegeben) sind recht unterschiedlich; es kommt oft auf den richtigen Reinigungsvertrag mit der Firma an.

eigener Betrieb: (Ideen, Verbesserungen, Umsetzung, Test, Verantwortung, Termin)

NR. 025

LEAN MANAGEMENT: **Beherbergung**

Marketing - Qualitätsverbesserungsvorschlag

überprüfen	*wird gemacht*	*verbessern*	*nicht anwendbar*	*Ideen*	*Aktion*
☐	☐	☐	☐	☐	☐

Besondere Aufmerksamkeit sollte man auch den abreisenden Gästen schenken. Der letzte Eindruck kann über ein Wiederkommen entscheiden. Wartezeiten bei der Empfangskasse können durch Zusendungen von unterschriebenen Rechnungen oder direkte Abbuchung von der Kreditkarte verhindert werden. Motorisierte Gäste erhalten jederzeit den Wetterbericht, den Straßenzustand, die nächsten Tankstellen und Auskunft über den Grenzverkehr. Ein Abschieds-Gesundheitscocktail in Verbindung mit einer kleinen „Check-out"-Überraschung (z.B. elegante Kofferanhänger mit Adresse und Namen des abreisenden Gastes) halten das Hotel in guter Erinnerung.

eigener Betrieb: (Ideen, Verbesserungen, Umsetzung, Test, Verantwortung, Termin)

LEAN MANAGEMENT: **Beherbergung**

NR. 025

Rationalisierungsvorschlag

überprüfen	*wird gemacht*	*verbessern*	*nicht anwendbar*	*Ideen*	*Aktion*
☐	☐	☐	☐	☐	☐

In manchen Abteilungen ist es sinnvoller, die anfallenden Arbeiten auf wenige, aber höher qualifizierte und bezahlte Mitarbeiter zu verteilen. So lassen manche Großhotels ihre Buchhaltung von einigen hochbezahlten EDV-Spezialisten bewältigen. Selbstverwaltung der Gästezimmeretagen, bei der die Etagenhausdame ein genau aufgeschlüsseltes Kostenbudget (Personalkosten, Reinigungsmittel, Wartungskosten, Guest Supplies, Drucksachen, Energiekosten, Wäschekosten, Ersatzbeschaffungen etc.) bei vorgeschriebenem Budget einzuhalten hat, erlaubt Prämiensysteme und fördert unternehmerisches Verhalten der verantwortlichen Abteilungsleiter.

eigener Betrieb: (Ideen, Verbesserungen, Umsetzung, Test, Verantwortung, Termin)

VI. Rationalisierung und Qualitätssicherung der Administration in Hotellerie und Gastronomie

VI. Rationalisierung und Qualitätssicherung der Administration in Hotellerie und Gastronomie

Nach den vorangegangenen Beiträgen zur Rationalisierung der umsatzbringenden Bereiche Beherbergung und Food & Beverage werden hier die internen „Serviceabteilungen" der Administration für Hotellerie und Gastronomie angesprochen. Darunter fällt das gesamte Rechnungswesen mit der Buchhaltung, den Kassensystemen und der rationellen Datenverarbeitung ebenso wie der Aufbau einer effizienten Marketingabteilung mit dem aktiven Verkauf, gezielter Werbung und Öffentlichkeitsarbeit. Die Technik zusammen mit dem Energiemanagement eines Hotel- und Gaststättenbetriebes gehören meist zu den Stiefkindern der Administration. Sie sind nicht nur sehr kostenintensiv, sondern gewinnen in unserer umweltorientierten Managementwelt zunehmend an Bedeutung. Nicht zuletzt muß im Rahmen der Verwaltung ein für den jeweiligen Betrieb maßgeschneidertes Informationssystem durchdacht sein. Mögliche Kooperationsformen, der Hoteleinkauf, die Optimierung der Betriebsstruktur, die zukünftige Humanisierung der Arbeit und damit auch das eigene Zeitmanagement liefern Rationalisierungspotentiale.

Es gibt sicherlich nicht nur **ein** Prinzip rationalen Handelns, und gerade im Gastgewerbe müssen viele gastzentrierte Entscheidungen **nicht-rationaler** Art getroffen werden. Das bekannte wirtschaftliche oder ökonomische Prinzip *(Maximumprinzip = mit gegebenen Mitteln den größtmöglichen Erfolg* oder *Minimumprinzip = eine erwünschte Wirkung mit dem geringstmöglichen Mitteleinsatz zu erreichen)* steht heute im Spannungsfeld mit dem Humanprinzip (Humanisierung der Arbeit) und dem Prinzip des Umweltschutzes (Ressourcenschonung, Verhinderung und Vermindern von Umweltbelastungen).

Bei dem Erarbeiten und der späteren Durchführung von Rationalisierungsmaßnahmen muß das Management stets die „Human Resources-Dimensionen"[16] verwirklichen:

- Mitarbeiter im Gastgewerbe wollen zu sinnvollen Zielen beitragen, bei deren Formulierung sie mitgewirkt haben.

- Die meisten Mitarbeiter könnten viel kreativere und verantwortungsvollere Aufgaben übernehmen, als es die gegenwärtige Arbeit verlangt.

- Das Management sollte verborgene Anlagen und Qualitäten seiner Mitarbeiter nutzen.

---

[16] Vgl. ausführlich Staehle, Human Resource Management.

- Mitbestimmung, Selbstbestimmung und Selbstkontrolle führen zu Produktivitätssteigerungen und Verbesserung der Dienstleistungsqualität.
- Nur in einer Atmosphäre, in der sich Mitarbeiter voll entfalten können, läßt sich die Zufriedenheit steigern, da jeder seine Fähigkeiten – auch in einem Rationalisierungsprogramm – nutzen kann.

Die folgende Auswahl und Beschreibung einiger in der Praxis bewährter Rationalisierungsideen soll dazu anregen, sich ein eigenes Rationalisierungskonzept für die administrativen Bereiche maßzuschneidern.

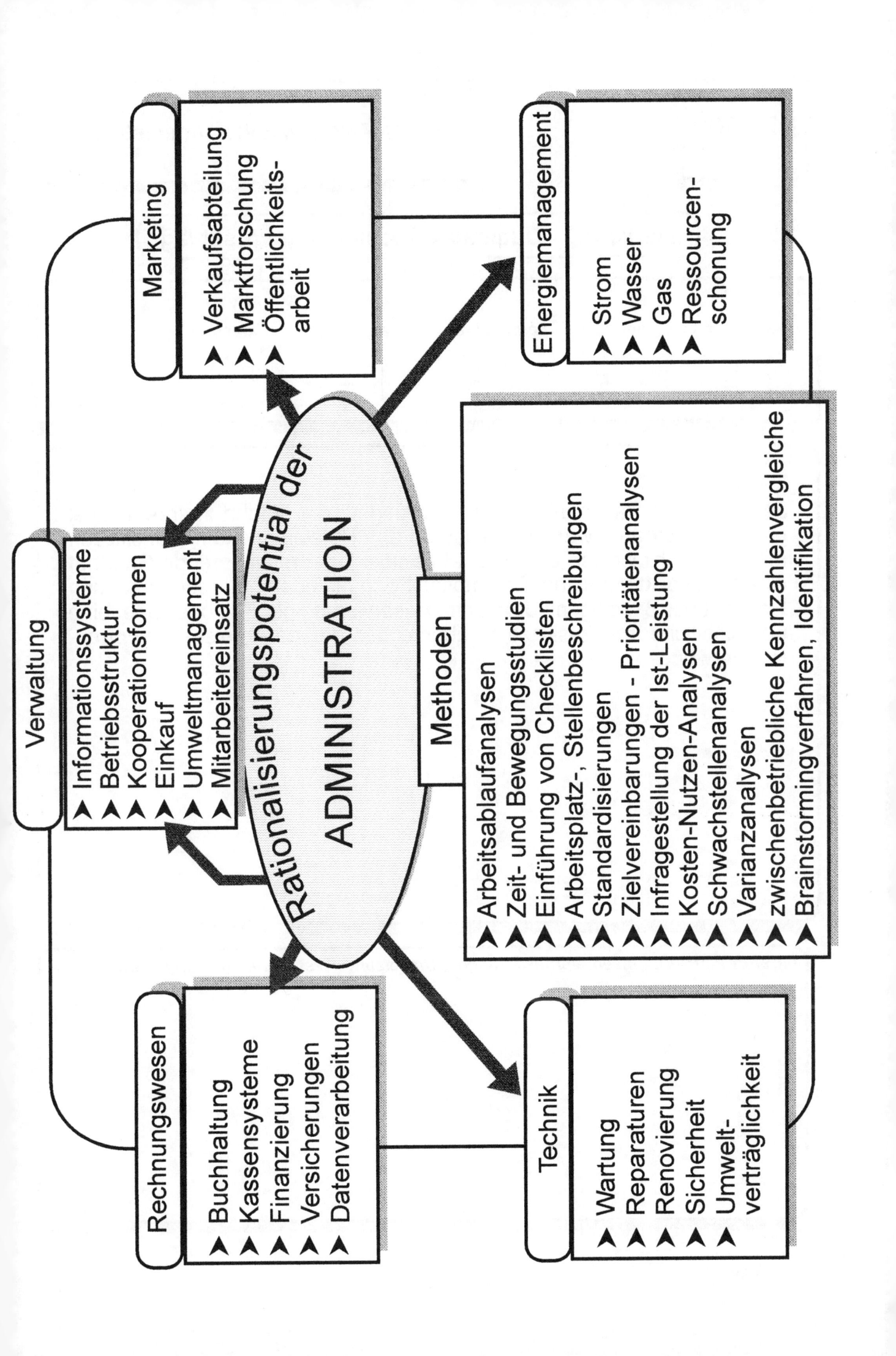

Rationalisierungspotential der ADMINISTRATION

Marketing
- Verkaufsabteilung
- Marktforschung
- Öffentlichkeitsarbeit

Energiemanagement
- Strom
- Wasser
- Gas
- Ressourcenschonung

Verwaltung
- Informationssysteme
- Betriebsstruktur
- Kooperationsformen
- Einkauf
- Umweltmanagement
- Mitarbeitereinsatz

Methoden
- Arbeitsablaufanalysen
- Zeit- und Bewegungsstudien
- Einführung von Checklisten
- Arbeitsplatz-, Stellenbeschreibungen
- Standardisierungen
- Zielvereinbarungen – Prioritätenanalysen
- Infragestellung der Ist-Leistung
- Kosten-Nutzen-Analysen
- Schwachstellenanalysen
- Varianzanalysen
- zwischenbetriebliche Kennzahlenvergleiche
- Brainstormingverfahren, Identifikation

Rechnungswesen
- Buchhaltung
- Kassensysteme
- Finanzierung
- Versicherungen
- Datenverarbeitung

Technik
- Wartung
- Reparaturen
- Renovierung
- Sicherheit
- Umweltverträglichkeit

NR. 001

LEAN MANAGEMENT: **Administration**

Marketing - Qualitätsverbesserungsvorschlag

überprüfen	*wird gemacht*	*verbessern*	*nicht anwendbar*	*Ideen*	*Aktion*
☐	☐	☐	☐	☐	☐

Jedem neuen Gast muß eine Hilfestellung für die Anfahrt zu Ihrem Hotel gegeben werden. Zwar sind meist auf den Hotelprospekten Planskizzen mit Anfahrtshinweisen gedruckt, aber nicht jeder reservierende Gast hat einen Prospekt zur Hand. Es empfiehlt sich für jeden neu reservierenden Gast mit der Bestätigung der Zimmerreservierung per Fax oder Brief eine übersichtliche Anreiseskizze zu übersenden (fertige Anreise-Fax-Formulare verwenden).

eigener Betrieb: (Ideen, Verbesserungen, Umsetzung, Test, Verantwortung, Termin)

LEAN MANAGEMENT: **Administration** NR. 001

Rationalisierungsvorschlag

überprüfen *wird gemacht* *verbessern* *nicht anwendbar* *Ideen* *Aktion*
☐ ☐ ☐ ☐ ☐ ☐

In größeren Hotels mit mehreren Abteilungsleitern, Assistenten, Linien-Stabs- und Stab-Linienfunktionen sollte man alle fünf Jahre die bestehende Organisationsstruktur überdenken. Stellenanalysen und die Einführung personenunabhängiger Stellenbeschreibungen für Führungskräfte helfen Linienfunktionen zu kombinieren und vermeiden die Verdopplung von Positionen durch Assistenten. Vielleicht begnügen sich zwei Abteilungsleiter gemeinsam mit einem Assistenten, der nach Bedarf auch für zwei Abteilungen geschult wird.

eigener Betrieb: (Ideen, Verbesserungen, Umsetzung, Test, Verantwortung, Termin)

NR. 002   *LEAN MANAGEMENT:* **Administration**

Marketing - Qualitätsverbesserungsvorschlag

überprüfen	*wird gemacht*	*verbessern*	*nicht anwendbar*	*Ideen*	*Aktion*
☐	☐	☐	☐	☐	☐

Gästeinformationen per Videofilm über das Fernsehkabelnetz sollten als Hotel-Innenwerbung im Stadthotel alle Servicemöglichkeiten zu den verschiedenen Tageszeiten abrufbar gestalten. Der Hinweis über Check-out-Zeiten, Abreisemöglichkeiten ohne Wartezeiten an der Empfangskasse darf nicht fehlen. Die Möglichkeit als Gast jederzeit am Fernseher seinen Hotelrechnungsstand vertraulich abrufen zu können, wird bei Geschäftsreisenden immer beliebter. Hoteleigene Werbefilme für Ferienhotels sollten die verschiedenen Freizeitmöglichkeiten und Dienstleistungen separat für die Sommer- und Wintersaison aufzeigen. Als Abschiedsgeschenk bekommt der Gast jeweils den Film für die kommende Saison.

eigener Betrieb: (*Ideen, Verbesserungen, Umsetzung, Test, Verantwortung, Termin*)

LEAN MANAGEMENT: **Administration** **NR. 002**

Rationalisierungsvorschlag

| überprüfen | wird gemacht | verbessern | nicht anwendbar | Ideen | Aktion |
| ☐ | ☐ | ☐ | ☐ | ☐ | ☐ |

In vielen Betrieben hat es sich bewährt, die einzelnen Führungskräfte ein Zeittagebuch für einen Monat führen zu lassen. Hier sollte täglich die geleistete Arbeit detailliert — mit grobem Zeitbedarf — erfaßt werden. Unterschieden wird dann zwischen reinen Verwaltungstätigkeiten, gastbezogene Tätigkeiten, regelmäßig und unregelmäßig anfallende Aufgaben. Zielsetzung bei dieser Arbeitsanalyse ist es, Abteilungsleiter von Routinetätigkeiten zu befreien, den Verwaltungsaufwand zu konzentrieren und zu minimieren.

eigener Betrieb: (Ideen, Verbesserungen, Umsetzung, Test, Verantwortung, Termin)

NR. 003   *LEAN MANAGEMENT:* **Administration**

Marketing - Qualitätsverbesserungsvorschlag

überprüfen	*wird gemacht*	*verbessern*	*nicht anwendbar*	*Ideen*	*Aktion*
☐	☐	☐	☐	☐	☐

Zumindest auf jährlicher Basis muß die Gästekartei überprüft werden. Erfolgreich ist die Aktion: Jeder Empfangsangestellter hat gewisse Buchstabengruppen mit seinen Stammgästen auch in der Kartei zu betreuen (Überprüfung der Adresseneintragungen, Sonderwünsche wie z.B. bevorzugte Tageszeitungen, Prioritäten-ABC-Analyse nach geleisteten Umsätzen, Geburtstage, Jubiläen etc.). Ein entsprechendes computergesteuertes Stammgästekartei-Programm muß immer auf den jeweiligen Betrieb mit seiner Gästestruktur maßgeschneidert werden.

eigener Betrieb: (Ideen, Verbesserungen, Umsetzung, Test, Verantwortung, Termin)

LEAN MANAGEMENT: Administration

NR. 003

Rationalisierungsvorschlag

| überprüfen | wird gemacht | verbessern | nicht anwendbar | Ideen | Aktion |

Sämtliche Schreibarbeiten für alle Abteilungen des Betriebes werden in einem Schreibbüro (eventuell die Telefonistin) mit einem Computer-Textverarbeitungssystem zusammengefaßt. Diktiergeräte, vorgefertigte Routineschreiben und Textbausteine helfen dem jeweiligen Abteilungsleiter auch ohne eigene Sekretärin auszukommen. In jedem größeren Hotel sollte als Basis für diese Konzentration der Postbearbeitung eine Analyse der Briefkopien pro Jahr und Abteilung dienen.

eigener Betrieb: (Ideen, Verbesserungen, Umsetzung, Test, Verantwortung, Termin)

NR. 004

LEAN MANAGEMENT: **Administration**

Marketing - Qualitätsverbesserungsvorschlag

überprüfen	*wird gemacht*	*verbessern*	*nicht anwendbar*	*Ideen*	*Aktion*
☐	☐	☐	☐	☐	☐

Schnelligkeit zahlt sich aus. Alle Anfragen, ob telefonisch, per Fax oder Telex und Brief, sollten wenn möglich sofort beantwortet werden. Braucht die Erstellung eines Angebots im Tagungs- oder Bankettbereich mehr Zeit, ist es geschickt, per Fax-Telegramm einen Zwischenbescheid zu geben und die Person namentlich zu nennen, die sich uneingeschränkt um die Wünsche des Gastes kümmern wird. Ein handschriftlicher persönlicher Gruß des Direktors zeigt dem potentiellem Gast, wie wichtig und bedeutend er für das Hotel ist.

eigener Betrieb: (Ideen, Verbesserungen, Umsetzung, Test, Verantwortung, Termin)

LEAN MANAGEMENT: **Administration**

NR. 004

Rationalisierungsvorschlag

überprüfen	*wird gemacht*	*verbessern*	*nicht anwendbar*	*Ideen*	*Aktion*
☐	☐	☐	☐	☐	☐

Oft erscheint nur deshalb eine eigene Sekretärin pro Abteilung erforderlich zu sein, um ankommende Telefonate über ein Sekretariat laufen zu lassen. Die Einführung eines sogenannten Status-Telefons mit bis zu zwölf Nebenstellen erlaubt es jedem Abteilungsleiter, sein eigenes Sekretariat zwischenzuschalten. Je nach Lichtsignal meldet sich immer wieder die gleiche Mitarbeiterin als Bankettabteilung, Empfangsbüro, Buchhaltung, Technische Abteilung, Hausdamenbüro, Einkaufsabteilung etc. Natürlich muß täglich dieser Allgemeinsekretärin der Terminplan der angeschlossenen Abteilungsleiter bekannt sein, um auch qualifizierte Auskunft geben zu können.

eigener Betrieb: (Ideen, Verbesserungen, Umsetzung, Test, Verantwortung, Termin)

NR. 005

LEAN MANAGEMENT: **Administration**

Marketing - Qualitätsverbesserungsvorschlag

überprüfen	wird gemacht	verbessern	nicht anwendbar	Ideen	Aktion
☐	☐	☐	☐	☐	☐

Ihr guter Rat ist uns teuer! Viele Stammgäste fühlen sich als Experte in Sachen Hotellerie und wollen gern, daß das Management auf ihren Rat reagiert. Werden Vorschläge seitens der Gäste auch tatsächlich verwirklicht, erfüllt es den Gast mit Stolz, und er empfiehlt „seinen" Betrieb auch viel eher weiter. So sollte auch jeder Hotelier bei größeren Änderungen oder Anschaffungen (z.B. Restaurantumbau, neue Inneneinrichtungen, bei Renovierungen und Dekorationen) vertraute Stammgäste einladen und um deren Meinung, Anregungen und Wünsche bitten.

eigener Betrieb: (Ideen, Verbesserungen, Umsetzung, Test, Verantwortung, Termin)

LEAN MANAGEMENT: **Administration** **NR. 005**

Rationalisierungsvorschlag

überprüfen	*wird gemacht*	*verbessern*	*nicht anwendbar*	*Ideen*	*Aktion*
☐	☐	☐	☐	☐	☐

Bei einem Wechsel von Abteilungsleitern kommt es in der Praxis sehr oft vor, daß der „Neue" auch seine eigenen Formulare und Drucksachen einführt. So sollte auf halbjährlicher Basis das gesamte Formularwesen und alle anfallenden Drucksachen pro Abteilung erfaßt, gesichtet und ausgewertet werden, um Überschneidungen zu vermeiden. Früher einmal sinnvolle Formulare führen in manchen Betrieben ein Eigenleben. Druckaufträge dürfen nur nach vorheriger Überprüfung und Genehmigung erteilt werden.

eigener Betrieb: *(Ideen, Verbesserungen, Umsetzung, Test, Verantwortung, Termin)*

NR. 006 LEAN MANAGEMENT: Administration

Marketing - Qualitätsverbesserungsvorschlag

überprüfen	wird gemacht	verbessern	nicht anwendbar	Ideen	Aktion
☐	☐	☐	☐	☐	☐

Jeder Gast ist berühmt! Dazugehören bedeutet vielen Gästen viel. Fotos mit Widmungen von Schauspielern, Politikern, Sportlern können in dem dazu passenden Rahmen ein „Zugehörigkeitsgefühl" vermitteln. In der Praxis kommt es nicht nur auf die Gästestruktur, auf verschiedene Zielgruppen an, sondern auf die Erfüllung recht unterschiedlicher Gästebedürfnisse. Man kann nicht allen Gästen alles bieten, aber vielen Gästen ihre Wünsche erfüllen. Die Antwort auf die Frage: „Was wünschen Sie sich bei Ihrem nächsten Urlaub in unserem Hause ganz besonders?" gehört in die Stammgästekartei.

eigener Betrieb: (Ideen, Verbesserungen, Umsetzung, Test, Verantwortung, Termin)

LEAN MANAGEMENT: **Administration** **NR. 006**

Rationalisierungsvorschlag

überprüfen	*wird gemacht*	*verbessern*	*nicht anwendbar*	*Ideen*	*Aktion*
☐	☐	☐	☐	☐	☐

Mit dem Einsatz von unauffälligem Werbematerial seitens der Lieferanten, Firmen und anderen Hauptgeschäftspartnern lassen sich die Kosten der Gästedrucksachen reduzieren. Recycling- oder umweltfreundliches Papier (chlor- und säurefreies, alterungsbeständiges Druckpapier) wirkt auch für die Gäste als kleiner Beitrag zum Umweltschutz.

eigener Betrieb: (Ideen, Verbesserungen, Umsetzung, Test, Verantwortung, Termin)

NR. 007

LEAN MANAGEMENT: **Administration**

Marketing - Qualitätsverbesserungsvorschlag

überprüfen	wird gemacht	verbessern	nicht anwendbar	Ideen	Aktion
☐	☐	☐	☐	☐	☐

Jede unvorbereitete Preiserhöhung ist besonders für Stammgäste ärgerlich. Aber auch jede Veränderung im Hotelbetrieb, über die ein regelmäßig wiederkommender Gast nicht rechtzeitig informiert wird, kann negativ aufgenommen werden. Hier muß das Management den richtigen Ton und einleuchtende Erläuterungen finden, wenn es darum geht, Preiserhöhungen für Stammgäste zu „verkaufen". Die kombinierte Argumentation: „Erklärte Preiserhöhungen zusammen mit mehr oder besseren Service beim nächsten Besuch" vermeidet Überraschungen.

eigener Betrieb: (Ideen, Verbesserungen, Umsetzung, Test, Verantwortung, Termin)

LEAN MANAGEMENT: **Administration** NR. 007

Rationalisierungsvorschlag

überprüfen	*wird gemacht*	*verbessern*	*nicht anwendbar*	*Ideen*	*Aktion*
☐	☐	☐	☐	☐	☐

Zumindestens einmal im Jahr sollte vom Management für jeden Betrieb die Versicherungspolitik überprüft werden. In Abstimmung auch mit dem eigenen Inventar, der Anlage- und Gebäudewerte muß untersucht werden, ob man eventuell über- oder unterversichert ist. Auch die Versicherungsgesellschaften stehen in Konkurrenz. Marktübersicht und die fachgerechte Branchenberatung können helfen viel Geld einzusparen.

eigener Betrieb: (Ideen, Verbesserungen, Umsetzung, Test, Verantwortung, Termin)

NR. 008 LEAN MANAGEMENT: Administration

Marketing - Qualitätsverbesserungsvorschlag

überprüfen	wird gemacht	verbessern	nicht anwendbar	Ideen	Aktion
☐	☐	☐	☐	☐	☐

Oft ist der Kollegenbetrieb in der nächsten Stadt mit ähnlicher Betriebsausstattung, Größe, Preisstruktur und „Philosophie" der beste Werbepartner. Anstelle von langweiligen Hotelbildern zeigt man auch auf den Zimmern die Vorzüge mit eleganten Plakaten von seinem Partnerhotel. Beide Hotels in einem gelungenem Prospekt, Absprache beim Marketingplan, Kooperation bei der Werbung und gemeinsame Presseberichte können auch Privathotels den „Kettenvorteil" bringen.

eigener Betrieb: (Ideen, Verbesserungen, Umsetzung, Test, Verantwortung, Termin)

LEAN MANAGEMENT: **Administration**

NR. 008

Rationalisierungsvorschlag

überprüfen	wird gemacht	verbessern	nicht anwendbar	Ideen	Aktion
☐	☐	☐	☐	☐	☐

Ein Hotel- und Gaststättenbetrieb ist ein Dienstleistungsunternehmen. Eine wesentliche Kennzahl stellt der gesamte Verwaltungsaufwand im Verhältnis zum Dienstleistungsaufwand (Küche, Bar, Beherbergung, Restaurants, Service) dar. Hier empfiehlt es sich, auch einmal einen zwischenbetrieblichen Vergleich vorzunehmen. Lassen sich z.B. Buchhaltung und Lohnbuchhaltung außer Haus geben?

eigener Betrieb: (*Ideen, Verbesserungen, Umsetzung, Test, Verantwortung, Termin*)

NR. 009

LEAN MANAGEMENT: **Administration**

Marketing - Qualitätsverbesserungsvorschlag

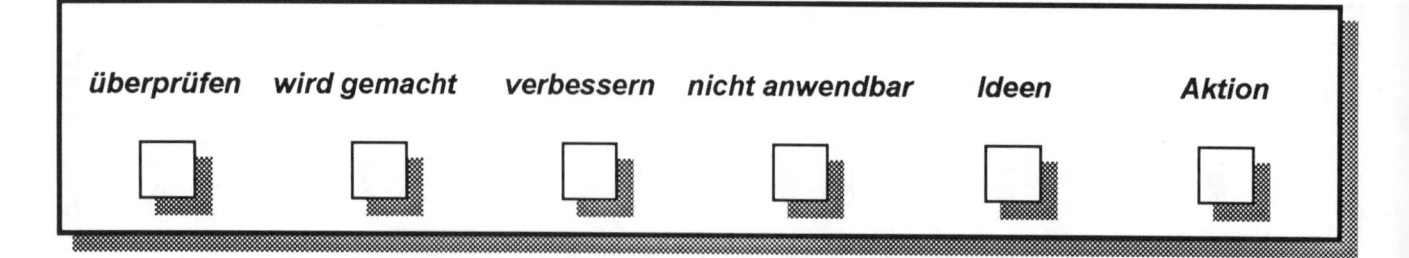

überprüfen	wird gemacht	verbessern	nicht anwendbar	Ideen	Aktion
☐	☐	☐	☐	☐	☐

Werben Sie mit Ihrer guten Hotelauslastung. Wie ein Restaurantgast nicht gern ein leeres Restaurant betritt, spricht eine überdurchschnittliche Zimmerbelegung im Jahr eine verkaufsfördernde positive Sprache. Die Bitte um rechtzeitige Reservierung und die stets über dem Ortsdurchschnitt liegende Belegung lassen Rückschlüsse über die Qualitätsdienstleistungen Ihres Hotels zu. Was ständig nachgefragt ist, wo man lange vorher reservieren muß — kann nicht schlecht sein; das Preis-Leistungsverhältnis scheint zu stimmen. In Stadthotels füllen einige Hoteliers ihre Restaurants am Abend zunächst mit eigenen Mitarbeitern, die kurz nach Eintreffen der Geschäftsreisenden dann Platz machen.

eigener Betrieb: (Ideen, Verbesserungen, Umsetzung, Test, Verantwortung, Termin)

LEAN MANAGEMENT: **Administration**

NR. 009

Rationalisierungsvorschlag

überprüfen	wird gemacht	verbessern	nicht anwendbar	Ideen	Aktion
☐	☐	☐	☐	☐	☐

Gemeinsam sind wir stärker und arbeiten auch rationeller. Sämtliche Kooperationsmöglichkeiten mit Kollegenbetrieben müssen immer wieder von neuem angesprochen und überprüft werden. Die Kooperationsmöglichkeiten sind vielfältig — auch für kleinere Betriebe: Gemeinsamer Einkauf von Non-Food Artikeln wie Geschirr, Wäsche etc., Nutzung einer gemeinsamen Wäscherei, Kooperation bei Reservierungssystemen, gemeinsame Werbeaktivitäten. Gerade mittelständische Betriebe können bei der Mitarbeiterschulung kooperieren (z.B. zwei Betriebe organisieren ihr eigenes betriebsinternes Seminar zum aktiven Verkauf und zur Motivation für ihre Kellner).

eigener Betrieb: (Ideen, Verbesserungen, Umsetzung, Test, Verantwortung, Termin)

NR. 010

LEAN MANAGEMENT: **Administration**

Marketing - Qualitätsverbesserungsvorschlag

überprüfen	*wird gemacht*	*verbessern*	*nicht anwendbar*	*Ideen*	*Aktion*
☐	☐	☐	☐	☐	☐

Der Computer kann nicht lächeln! Die Kälte der Technik gehört nicht zur Gastfreundschaft. Der Bildschirmblick der Empfangsdame, der kalte und unpersönliche „Flughafen-Check-in" sollte zumindest in der mittelständischen Hotellerie vermieden werden. Wie man Freunde und Bekannte zu Hause willkommen heißt, so muß es auch im Hotel geschehen. Den für den Gast nicht sichtbaren Computer kann man dann vor und nach Gästeankunft bedienen. Der Schaltereffekt (wie bei der Post) kann mit „Empfangsinseln" — wie an einer Bar — vermieden werden.

eigener Betrieb: (Ideen, Verbesserungen, Umsetzung, Test, Verantwortung, Termin)

LEAN MANAGEMENT: **Administration**

NR. 010

Rationalisierungsvorschlag

überprüfen	wird gemacht	verbessern	nicht anwendbar	Ideen	Aktion
☐	☐	☐	☐	☐	☐

Der Einsatz der Datenverarbeitung mit Personalcomputern, Warenwirtschaftssystemen, Reservierungssystemen, Front- und Backofficeprogrammen erscheint für jeden modernen Betrieb unumgänglich zu sein. Bevor teure Anlagen und Programme gekauft werden, sollte sich das Management über den Informationsbedarf ihres zu leitenden Betriebes voll bewußt sein. Angeboten wird Datenverarbeitung und nicht Informationsverarbeitung. Kann die zu kaufende Software für den speziellen Betrieb maßgeschneidert werden? Braucht das Management überhaupt die Zahlenfriedhöfe der Computerdaten? Muß das Programm täglich mit wieviel Zeitaufwand betreut werden? Gibt es Rückgabemöglichkeiten, wenn neuere Programme und bessere Hardware auf den Markt kommen? Wäre Leasing mit Rückgaberecht nicht besser als Kaufen? Wieviel DM lassen sich durch Einführung der Datenarbeit tatsächlich pro Monat einsparen? Wird der Service für den Gast besser, persönlicher oder kälter?

eigener Betrieb: (Ideen, Verbesserungen, Umsetzung, Test, Verantwortung, Termin)

NR. 011

LEAN MANAGEMENT: **Administration**

Marketing - Qualitätsverbesserungsvorschlag

überprüfen	*wird gemacht*	*verbessern*	*nicht anwendbar*	*Ideen*	*Aktion*
☐	☐	☐	☐	☐	☐

Unter dem Motto „Licht lockt Leute" sollte auch die Außenbeleuchtung für den Gast als echter Wegweiser zum Hotelbetrieb eingesetzt werden. Die abends wechselnde Lichtkanonenbestrahlung mit Werbedias über Hotelbesonderheiten (Tagungsmöglichkeiten, Ausrichten von Feiern aller Art, Spezialitätenwochen etc.) an eine gut sichtbare Hotelaußenwand weckt Aufmerksamkeit und kann das Passantengeschäft steigern.

eigener Betrieb: (Ideen, Verbesserungen, Umsetzung, Test, Verantwortung, Termin)

LEAN MANAGEMENT: Administration

NR. 011

Rationalisierungsvorschlag

| überprüfen | wird gemacht | verbessern | nicht anwendbar | Ideen | Aktion |

Betriebsblindheit und negative Routine sind die schlimmsten Feinde bei dem Erarbeiten von Rationalisierungsmaßnahmen. Jährlich sollte das Management, vielleicht zusammen mit einem neutralen Kollegen, den gesamten Betrieb dahingehend überprüfen, ob nicht unnötiger Büro- und Abstellplatz durch geringe Umbauten eventuell in Gästezimmer oder sonstige vermietbare Räume oder Verkaufsflächen umfunktioniert werden kann. Parkplätze oder auch die Hotelgarage können für den Gast ansprechend mit Verkaufsvitrinen freundlicher und verkaufsfördernd gestaltet werden.

eigener Betrieb: (Ideen, Verbesserungen, Umsetzung, Test, Verantwortung, Termin)

NR. 012   *LEAN MANAGEMENT:* **Administration**

Marketing - Qualitätsverbesserungsvorschlag

überprüfen	wird gemacht	verbessern	nicht anwendbar	Ideen	Aktion
☐	☐	☐	☐	☐	☐

Beratungsbüros und Institute lassen sich für ihre Dienste gut bezahlen. So erscheinen für viele mittelständischen Hoteliers Aufgabenstellungen wie Marktforschung, Werbekonzeptionen, Marketingpläne, betriebswirtschaftliche Kennzahlenauswertung, Qualitätsüberprüfungen, Einführung von Datenverarbeitung u.ä. nur etwas für Großbetriebe zu sein, die einerseits das Personal und andererseits das Geld dafür haben. Eine preiswerte Alternative dazu ist die Zusammenarbeit mit Hochschulen. Fachhochschul- und Universitätsstudenten müssen im Rahmen ihres vierjährigen Studiums Diplomarbeiten erstellen. Theorie und Praxisnähe sind gleichgewichtig zuberücksichtigen. So manche betriebswirtschaftliche Problemstellung, zu deren Lösung der Praktiker keine Zeit findet, kann mit engagierten Studenten und Unterstützung aus der Praxis für Hotels und Restaurants bewältigt werden.

eigener Betrieb: (*Ideen, Verbesserungen, Umsetzung, Test, Verantwortung, Termin*)

LEAN MANAGEMENT: **Administration**

NR. 012

Rationalisierungsvorschlag

überprüfen	wird gemacht	verbessern	nicht anwendbar	Ideen	Aktion
☐	☐	☐	☐	☐	☐

Werbemaßnahmen, Verkaufsförderungen und Verkaufsreisen sind von geringer Wirkung, wenn nicht zuvor eine Analyse der gegenwärtigen Gästestruktur mit Herkunftsland, Alter, Reservierungsverhalten, Ausgabebereitschaft, Marktsituation, Konkurrenzverhalten vorgenommen wird. Kein Marketing ohne Marktforschung! Rationalisierung wirkt sich hier zum Beispiel durch Werbeerfolgskontrolle aus. Eine Erfolgsanalyse des letzten halbjährlichen Marketingplans und der verwirklichten Marketingmaßnahmen wird eine unterschiedliche finanzielle Gewichtung einzelner Marketinginstrumente zur Folge haben.

eigener Betrieb: (Ideen, Verbesserungen, Umsetzung, Test, Verantwortung, Termin)

NR. 013

LEAN MANAGEMENT: **Administration**

Marketing - Qualitätsverbesserungsvorschlag

überprüfen	*wird gemacht*	*verbessern*	*nicht anwendbar*	*Ideen*	*Aktion*
☐	☐	☐	☐	☐	☐

Werden Werbeanzeigen bei Zeitungen oder Zeitschriften geschaltet, sollte man immer versuchen, in einer Art Kombinationsgeschäft mit der Presse zu vereinbaren, daß nach z.B. drei Anzeigen auch einmal kostenlose Presseberichte mit Bildreportagen über für jedermann interessante Besonderheiten des Hotelbetriebes oder der Umgebung erscheinen.

eigener Betrieb: (*Ideen, Verbesserungen, Umsetzung, Test, Verantwortung, Termin*)

LEAN MANAGEMENT: **Administration**

NR. 013

Rationalisierungsvorschlag

überprüfen	*wird gemacht*	*verbessern*	*nicht anwendbar*	*Ideen*	*Aktion*
☐	☐	☐	☐	☐	☐

Information ist das Brot des Managements. Auf regelmäßiger Basis werden Abteilungsleiter dazu angehalten, für ihren Verantwortungsbereich laufende Informationen aus Fachzeitschriften, Fachbüchern, Marktuntersuchungen, Fort- und Weiterbildungmaßnahmen zu sammeln und auszuwerten.

eigener Betrieb: (Ideen, Verbesserungen, Umsetzung, Test, Verantwortung, Termin)

NR. 014

LEAN MANAGEMENT: **Administration**

Marketing - Qualitätsverbesserungsvorschlag

überprüfen	wird gemacht	verbessern	nicht anwendbar	Ideen	Aktion
☐	☐	☐	☐	☐	☐

Einige Hotelverkäufer schaffen pro Tag acht ausführliche „Sales Calls", dabei sind die Besuche von Reiseveranstaltern und Reisebüros auch geographisch vorher sinnvoll zu planen. Erfolgreich hat sich auch der zeitlich befristete Studenteneinsatz im aktiven Verkauf (Sales Blitz) bewährt. Hierzu ist aber eine vorsichtige Auswahl und intensive Schulung der „Verkäufer auf Abruf" erforderlich.

eigener Betrieb: (Ideen, Verbesserungen, Umsetzung, Test, Verantwortung, Termin)

LEAN MANAGEMENT: **Administration**

NR. 014

Rationalisierungsvorschlag

überprüfen	wird gemacht	verbessern	nicht anwendbar	Ideen	Aktion
☐	☐	☐	☐	☐	☐

Der Verkauf sollte auch in einem kleineren Betrieb zu einer Hauptfunktion werden. Kann sich das kleinere Hotel keine eigenen Verkaufsrepräsentanten leisten, so hat es sich in der Praxis bewährt, nach externen Verkäufern, bezahlt auf Erfolgsbasis, Ausschau zu halten. Belegungsschwache Zeiten, Werbe- und Prospektmaterial, die gewünschte Preispolitik werden dem Verkäufer auf Provisionsbasis zur Verfügung gestellt. Viele Beratungsinstitutionen bieten erfolgreich diesen Service an.

eigener Betrieb: *(Ideen, Verbesserungen, Umsetzung, Test, Verantwortung, Termin)*

NR. 015

LEAN MANAGEMENT: **Administration**

Marketing - Qualitätsverbesserungsvorschlag

überprüfen	wird gemacht	verbessern	nicht anwendbar	Ideen	Aktion
☐	☐	☐	☐	☐	☐

Zu den Aufgaben der Verkaufsabteilung eines Hotels gehört auch die tägliche Konkurrenzbeobachtung. Morgens werden die angezeigten Veranstaltungen in der Halle von Mitbewerberbetrieben erfaßt; öffentliche Veranstaltungen (z.B. Wohltätigkeitsfeste) abends besucht, immer mit der Zielsetzung herauszufinden, was die Konkurrenz besser macht, wo ihre Stärken und Schwächen liegen und was den Gästen in anderen Betrieben gefällt. Hotelangebote und Hotelleistungen werden sich immer ähnlicher, gewinnorientierte Verkaufspreise lassen sich meist nur mit mehr Qualitätsdienstleistungen durchsetzen.

eigener Betrieb: (Ideen, Verbesserungen, Umsetzung, Test, Verantwortung, Termin)

LEAN MANAGEMENT: **Administration**

NR. 015

Rationalisierungsvorschlag

überprüfen	wird gemacht	verbessern	nicht anwendbar	Ideen	Aktion
☐	☐	☐	☐	☐	☐

Beschäftigt das Hotel eine eigene Verkaufsmannschaft, so sollten monatlich die Kosten der Hotelverkäufer (Personalkosten, Reisekosten, Gästebewirtung, Bürokosten, Mailingaktionen etc.) dem tatsächlich gebrachten Geschäft gegenübergestellt werden. Werden die Marketingziele erreicht? Wie viele „Sales Calls" zu welchen Kontakten fallen auf jeden Verkaufsmitarbeiter? Werden die Verkaufsanstrengungen täglich auf ihre Effizienz hin koordiniert und überprüft?

eigener Betrieb: (Ideen, Verbesserungen, Umsetzung, Test, Verantwortung, Termin)

NR. 016

LEAN MANAGEMENT: **Administration**

Marketing - Qualitätsverbesserungsvorschlag

überprüfen	*wird gemacht*	*verbessern*	*nicht anwendbar*	*Ideen*	*Aktion*
☐	☐	☐	☐	☐	☐

Den größten Erfolg beim Seminar- und Tagungsgeschäft kann man mit einer Nachbesprechung der jeweiligen Veranstaltung erreichen. Es gibt keine nur gute oder nur schlechte Veranstaltung. Mit dem Bankettoberkellner und dem Küchenchef werden die positiven und negativen Dinge pro Bankett schriftlich erfaßt. Beim anstehenden Wiederholungsgeschäft kann dann dem Veranstalter das Gefühl vermittelt werden, daß das Hotel seine spezielle Veranstaltung ständig verbessert. Auf dieser Vertrauensbasis lassen sich langfristig auch höhere Preise durchsetzen.

eigener Betrieb: (Ideen, Verbesserungen, Umsetzung, Test, Verantwortung, Termin)

LEAN MANAGEMENT: **Administration**

NR. 016

Rationalisierungsvorschlag

überprüfen	*wird gemacht*	*verbessern*	*nicht anwendbar*	*Ideen*	*Aktion*
☐	☐	☐	☐	☐	☐

Rationalisierung nur bis zum Gast — nie mit dem Gast! Ein Gast, der sich beschwert, ist ein guter Gast, denn Sie stehen noch in Kommunikation mit ihm. Werden Gästekommentare ausgewertet und persönlich beantwortet? Wenn das Management weiß, wie teuer es ist, einen neuen Gast zu gewinnen, erscheint es ratsam, ein Budget für Gästebeschwerden im Marketingplan vorzusehen. Neben Kosteneinsparungen muß für jede Abteilung ein Qualitätssicherungsprogramm erstellt werden.

eigener Betrieb: (Ideen, Verbesserungen, Umsetzung, Test, Verantwortung, Termin)

NR. 017

LEAN MANAGEMENT: **Administration**

Marketing - Qualitätsverbesserungsvorschlag

überprüfen	*wird gemacht*	*verbessern*	*nicht anwendbar*	*Ideen*	*Aktion*
☐	☐	☐	☐	☐	☐

Tue Gutes und sprich darüber! Zu den typischen Public-Relations-Aktionen in der Praxis der Hotellerie und Gastronomie gehören z.B.: Kunstausstellungen im Hotel, Kosmetikveranstaltungen für Gäste, Kinderkarneval, Konzertabende im Hotel, Jazzfrühschoppen, Modeschauen in Zusammenarbeit mit Modehäusern, Talkshows mit prominenten Gästen, Weinproben für Kenner, Dessertkurse, Symposien, Jubiläen, alle Formen von Forumdiskussionen.

eigener Betrieb: (Ideen, Verbesserungen, Umsetzung, Test, Verantwortung, Termin)

LEAN MANAGEMENT: **Administration**

NR. 017

Rationalisierungsvorschlag

überprüfen	wird gemacht	verbessern	nicht anwendbar	Ideen	Aktion
☐	☐	☐	☐	☐	☐

Auf jährlicher Basis ist ein Kostenvergleich der am Standort vorhandenen Energiequellen vorzunehmen. Wo immer möglich, sollten Energieleistungsmesser eingebaut werden, um den Verbrauch jeder Abteilung meßbar und damit kontrollierbar zu halten. Checklisten für alle technischen Geräte dienen nicht nur der Sicherheit, sondern auch der Energieeinsparung.

eigener Betrieb: (Ideen, Verbesserungen, Umsetzung, Test, Verantwortung, Termin)

201

NR. 018 — *LEAN MANAGEMENT:* **Administration**

Marketing - Qualitätsverbesserungsvorschlag

überprüfen	wird gemacht	verbessern	nicht anwendbar	Ideen	Aktion
☐	☐	☐	☐	☐	☐

Bei persönlichen Festen, wie Geburtstagen, Verlobungen, Hochzeiten, Beförderungen, Auszeichnungen aller Art gratuliert der Hoteldirektor persönlich (Blumenstrauß, exotische Früchte, Torten, Sekt etc.). Auch das Versenden von Gratulationskarten zum Geburtstag an Stammgäste in Verbindung mit einer Einladung zu einem speziellen Geburtstagsessen kann mehr Umsatz bringen. Bei kranken Gästen sind Genesungswünsche und kleine Geschenke angebracht.

eigener Betrieb: (Ideen, Verbesserungen, Umsetzung, Test, Verantwortung, Termin)

LEAN MANAGEMENT: Administration

NR. 018

Rationalisierungsvorschlag

überprüfen   wird gemacht   verbessern   nicht anwendbar   Ideen   Aktion
☐   ☐   ☐   ☐   ☐   ☐

Wo immer möglich sind veraltete technische Geräte durch neue Hilfsmittel zu ersetzen, wenn langfristig erhebliche Energieeinsparungen damit verbunden sind. Bei der Neuanschaffung von technischen Geräten werden Umweltverträglichkeit, Leistungsfähigkeit, Kundendienst, Verfügbarkeit von Ersatzteilen, Reparaturanfälligkeit, Geräuschanfall und Bedienungsart zusammen mit dem Preis verglichen.

eigener Betrieb: (Ideen, Verbesserungen, Umsetzung, Test, Verantwortung, Termin)

NR. 019

LEAN MANAGEMENT: **Administration**

Marketing - Qualitätsverbesserungsvorschlag

| überprüfen | wird gemacht | verbessern | nicht anwendbar | Ideen | Aktion |
| ☐ | ☐ | ☐ | ☐ | ☐ | ☐ |

Ortsunkundige Gäste benutzen in der Stadt oft nur ein Taxi. Straßenbahn- oder Busfahrkarten, die gratis mit entsprechender Fahrinformation überreicht werden, bleiben als umsorgende Kleinigkeiten besonders lange in positiver Erinnerung der Gäste.

eigener Betrieb: (Ideen, Verbesserungen, Umsetzung, Test, Verantwortung, Termin)

LEAN MANAGEMENT: **Administration**

NR. 019

Rationalisierungsvorschlag

| überprüfen | wird gemacht | verbessern | nicht anwendbar | Ideen | Aktion |

Niedrige Luftfeuchtigkeit bedeutet hohe Heizungskosten. Die Luftfeuchte wird entsprechend kontrolliert. Automatische Temperaturkontrollen im Belüftungssystem verhindern Überheizung. Gibt es Wärmeverluste durch undichte Fenster oder Türen? Heizanlagen werden vor jeder Heizperiode auf Kesselstein, undichte Leitungen hin überprüft.

eigener Betrieb: (Ideen, Verbesserungen, Umsetzung, Test, Verantwortung, Termin)

NR. 020

LEAN MANAGEMENT: **Administration**

Marketing - Qualitätsverbesserungsvorschlag

überprüfen   *wird gemacht*   *verbessern*   *nicht anwendbar*   *Ideen*   *Aktion*

Familien mit Kindern werden, wenn möglich, auf separaten Stockwerken untergebracht (Lärmprobleme). Babyartikel stehen auf Wunsch zur Verfügung; für Gäste mit Kleinkindern werden Steckdosensicherungen unaufgefordert bei der Gästeankunft angeboten. Eltern erhalten die Möglichkeit, mitgebrachtes Babyessen selbst aufwärmen zu können.

eigener Betrieb: (Ideen, Verbesserungen, Umsetzung, Test, Verantwortung, Termin)

LEAN MANAGEMENT: **Administration**

NR. 020

Rationalisierungsvorschlag

überprüfen *wird gemacht* *verbessern* *nicht anwendbar* *Ideen* *Aktion*

Für die Überprüfung und optimale Ausnützung der Energielieferungen seitens der Stadtwerke wird eine Gesellschaft für Energiekontrolle eingeschaltet, die mit den verschiedenen Tarifen und der günstigsten Berechnung vertraut ist (Bezahlung erfolgt auf Erfolgsbasis). Eventuell lohnt sich auch die Einführung eines Energie-Computers, der vor Erreichung von Energiespitzen nicht benötigte Geräte rechtzeitig abschaltet.

eigener Betrieb: (Ideen, Verbesserungen, Umsetzung, Test, Verantwortung, Termin)

NR. 021   *LEAN MANAGEMENT:* **Administration**

Marketing - Qualitätsverbesserungsvorschlag

überprüfen	wird gemacht	verbessern	nicht anwendbar	Ideen	Aktion
☐	☐	☐	☐	☐	☐

Positive Presseberichte über das Hotel oder das Restaurant, der dort stattgefundenen Veranstaltungen, im Hause abgestiegene prominente Gäste, gewonnene kulinarische Wettbewerbe etc. werden zusammen mit der bevorzugten Tageszeitung den Gästen auf die Zimmer gebracht. Oft kann auch eine besonders originell und informative Mitarbeiterzeitung für die Hotelgäste von Interesse sein.

eigener Betrieb: (Ideen, Verbesserungen, Umsetzung, Test, Verantwortung, Termin)

LEAN MANAGEMENT: Administration

NR. 021

Rationalisierungsvorschlag

überprüfen	wird gemacht	verbessern	nicht anwendbar	Ideen	Aktion
☐	☐	☐	☐	☐	☐

Im Abluftkanal ist ein Temperatur- oder Wärmewechsler eingebaut, der der Abluft die Wärme entziehen und diese der kühlen Frisch- (Außen-) luft zuführen kann. Die Möglichkeit, sogenannte Wärmepumpen einzusetzen, die Wärme von einer niedrigen auf eine höhere Temperatur bringen, sollte mit Fachleuten überprüft werden. Mit Hilfe von Wärmepumpen kann man die Wärme aus Grundwasser, Flüssen und Seen oder der Luft zu Heizzwecken nutzen.

eigener Betrieb: (Ideen, Verbesserungen, Umsetzung, Test, Verantwortung, Termin)

NR. 022

LEAN MANAGEMENT: **Administration**

Marketing - Qualitätsverbesserungsvorschlag

überprüfen	wird gemacht	verbessern	nicht anwendbar	Ideen	Aktion
☐	☐	☐	☐	☐	☐

Bei internationalem Publikum ist der Hinweis am Empfang: „Wir sprechen jede Sprache" (International Welcome Service-Verzeichnis) für manche Gäste ein willkommener Service, um in ihrer Landessprache Auskünfte und Informationen zu erhalten. Eventuell hat das Hotel selbst ein Mitarbeiterverzeichnis vieler Nationalitäten, die auch kurzfristig auf entsprechendem Niveau mit den Gästen in ihrer Landessprache sprechen können, oder ein lokaler Dolmetscherdienst per Telefon steht zur Verfügung.

eigener Betrieb: (Ideen, Verbesserungen, Umsetzung, Test, Verantwortung, Termin)

LEAN MANAGEMENT: **Administration**

NR. 022

Rationalisierungsvorschlag

überprüfen	wird gemacht	verbessern	nicht anwendbar	Ideen	Aktion
☐	☐	☐	☐	☐	☐

Die Überprüfung und Regulierung des Härtegrades des Wassers sorgt dafür, daß Maschinen und Leitungen nicht durch Ablagerungen von zu hartem Wasser angegriffen werden. Haus- und Gästetoiletten mit Spülkästen haben den richtigen Wasserspiegel und werden wöchentlich inspiziert.

eigener Betrieb: (*Ideen, Verbesserungen, Umsetzung, Test, Verantwortung, Termin*)

NR. 023 LEAN MANAGEMENT: **Administration**

Marketing - Qualitätsverbesserungsvorschlag

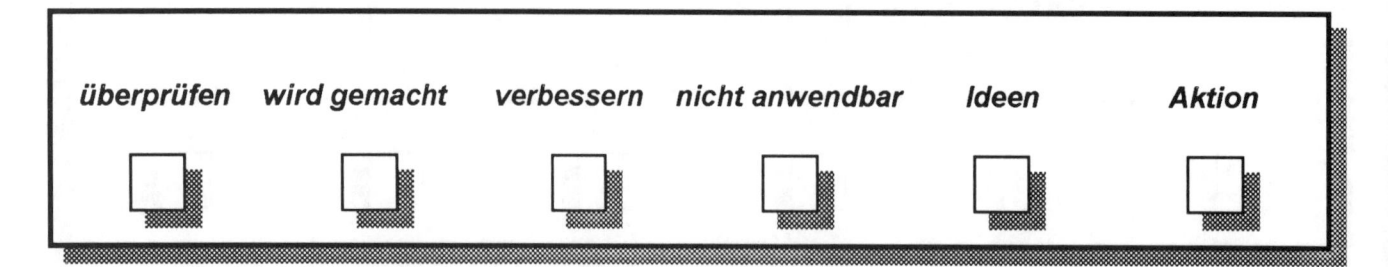

überprüfen	wird gemacht	verbessern	nicht anwendbar	Ideen	Aktion
☐	☐	☐	☐	☐	☐

Kennen Sie die Hobbys Ihrer Gäste? Besonders in Ferienhotels sollte das Management sich gezielt nach den Hobbys seiner Urlaubsgäste erkundigen. Zusammenkünfte mit Vereinen und lokalen Hobby-Kollegen können vielleicht arrangiert oder beim nächsten Urlaub in diesem Hotel avisiert werden. Nicht nur Gesprächsstoff bieten die Interessen der Gäste; wenn sich ein Hotelier sogar um das Hobby seines Gastes bemüht, wird er mit Treue und Wiederholungsbesuchen belohnt.

eigener Betrieb: (Ideen, Verbesserungen, Umsetzung, Test, Verantwortung, Termin)

LEAN MANAGEMENT: **Administration** **NR. 023**

Rationalisierungsvorschlag

| überprüfen | wird gemacht | verbessern | nicht anwendbar | Ideen | Aktion |
| ☐ | ☐ | ☐ | ☐ | ☐ | ☐ |

Die praktischen Möglichkeiten des Automateneinsatzes im Betrieb sind erkannt und wo immer wirtschaftlich dem Qualitätsniveau entsprechend eingesetzt:
- Personalgetränke- Personalverpflegungsautomaten
- Schlüssel-, Informations- und Tresorautomaten
- Handtuch-, Zahngläser-, Seifen- Wäsche-, Briefpapier-, Prospekt- und Postkartenautomaten
- Banknoten- und Münzwechselautomaten
- Schuhputzautomaten
- Automatische Türen (Serviceeingänge)
- Rohrpostautomaten
- Lichtrufanlage für Personal
- Automatische Weckanlage für Gäste
- Zimmerdienst mit Gegensprechanlage
- Frühstücks- und Getränkeautomaten im Zimmer
- Wasch- und Reinigungsautomaten für Gäste
- Musik-, Spiel- und Zigarettenautomaten

eigener Betrieb: (Ideen, Verbesserungen, Umsetzung, Test, Verantwortung, Termin)

NR. 024 *LEAN MANAGEMENT:* **Administration**

Marketing - Qualitätsverbesserungsvorschlag

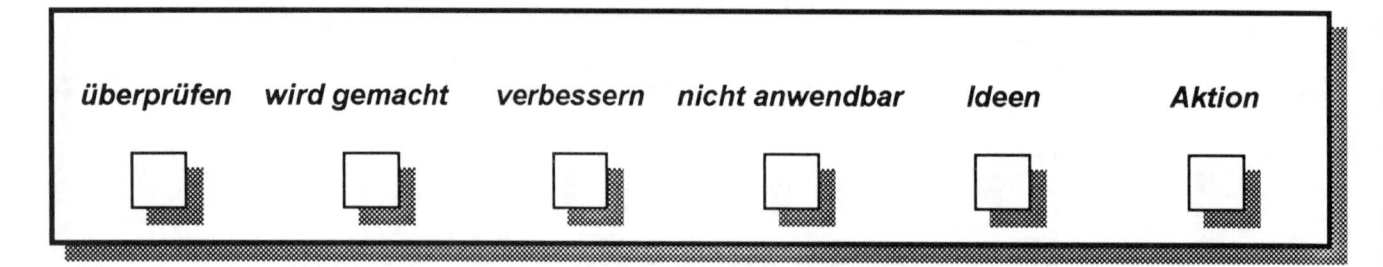

überprüfen	wird gemacht	verbessern	nicht anwendbar	Ideen	Aktion
☐	☐	☐	☐	☐	☐

Hotelreservierungen für Geschäftsreisende werden meist von Sekretärinnen vorgenommen. Diese Quelle der Buchung gilt es besonders zu pflegen: Einladungen zum Wochenendbesuch mit Modeschauen, Poolparties für Sekretärinnen, Fremdsprachen-Wochenenden, Erfahrungsaustausch mit Hotelsekretärinnen, die zum Fitness-Wochenende einladen etc. Es hat sich auch bewährt, bei Wiederholungsreservierungen den Sekretärinnen eine spezielle VIP-Telefonnummer des Hotels bekannt zu geben.

eigener Betrieb: (Ideen, Verbesserungen, Umsetzung, Test, Verantwortung, Termin)

LEAN MANAGEMENT: **Administration**

NR. 024

Rationalisierungsvorschlag

überprüfen	wird gemacht	verbessern	nicht anwendbar	Ideen	Aktion
☐	☐	☐	☐	☐	☐

Gerade das Kongreß-, Seminar- und Reiseveranstaltergeschäft bringt oft für das Hotel hohe Außenstände (Debitoren), beinhaltet Risiken und erfordert Kreditprüfung und Mahnwesen. Eine Verbesserung der Liquidität des Betriebes ist durch den Verkauf von Forderungen möglich. Die Einschaltung eines Factoring-Instituts verringert den eigenen Verwaltungsaufwand (Debitorenbuchhaltung, Auskünfte und Bonitätsprüfung, Mahnwesen und Inkasso, Rechtsverfolgung), kann zusätzliche Finanzierungsmittel erschließen und die Inanspruchnahme von Fremdkapital auf ein vernünftiges Maß reduzieren.

eigener Betrieb: (Ideen, Verbesserungen, Umsetzung, Test, Verantwortung, Termin)

NR. 025

LEAN MANAGEMENT: **Administration**

Marketing - Qualitätsverbesserungsvorschlag

| überprüfen | wird gemacht | verbessern | nicht anwendbar | Ideen | Aktion |

Reisebüros und Hotels müssen enger kooperieren. Die Verkaufsabteilung bittet beim nächsten „Sales Call" im Reisebüro um Visitenkarten der Reisebüromitarbeiter mit einem persönlichem Willkommensgruß für ihre vermittelten Gäste und legt diese Karten mit einem kleinen Willkommensgeschenk vor Ankunft des Gastes auf die Zimmer. Der Gast fühlt sich von seinem Reisebüro und dem ihm empfohlenen Hotel gut betreut. Das Reisebüro behält seinen Gast und das Hotel bekommt die Gäste vom Reisebüro.

eigener Betrieb: (Ideen, Verbesserungen, Umsetzung, Test, Verantwortung, Termin)

LEAN MANAGEMENT: **Administration**

NR. 025

Rationalisierungsvorschlag

überprüfen	wird gemacht	verbessern	nicht anwendbar	Ideen	Aktion
☐	☐	☐	☐	☐	☐

Die Zukunft der Hotellerie und Gastronomie gehört der flexiblen Arbeitszeit. Kapazitätsorientierte, selbstbestimmbare Arbeitszeiten, Wunschdienstpläne für alle Mitarbeiter, Zeitkonten, Gleitzeit auf Jahresbasis, Gleichstellung von Teilzeit- und Vollzeitarbeit erfüllen einerseits Humanisierungsdimensionen der Arbeit, steigern andererseits Produktivität und Dienstleistungsbereitschaft. Die Erfahrung zeigt, daß die gastronomischen Betriebe, die sich seit Jahren diesem Arbeitszeitmodell verschrieben haben, eine viel geringere Mitarbeiterfluktuation, Krankheits- und Abwesendheitsrate zu verzeichnen haben. Insgesamt sind die Personalkosten gesunken.

eigener Betrieb: (Ideen, Verbesserungen, Umsetzung, Test, Verantwortung, Termin)

VII.
Integriertes Qualitätssicherungskonzept

Integriertes Qualitätssicherungskonzept für Hotellerie und Gastronomie

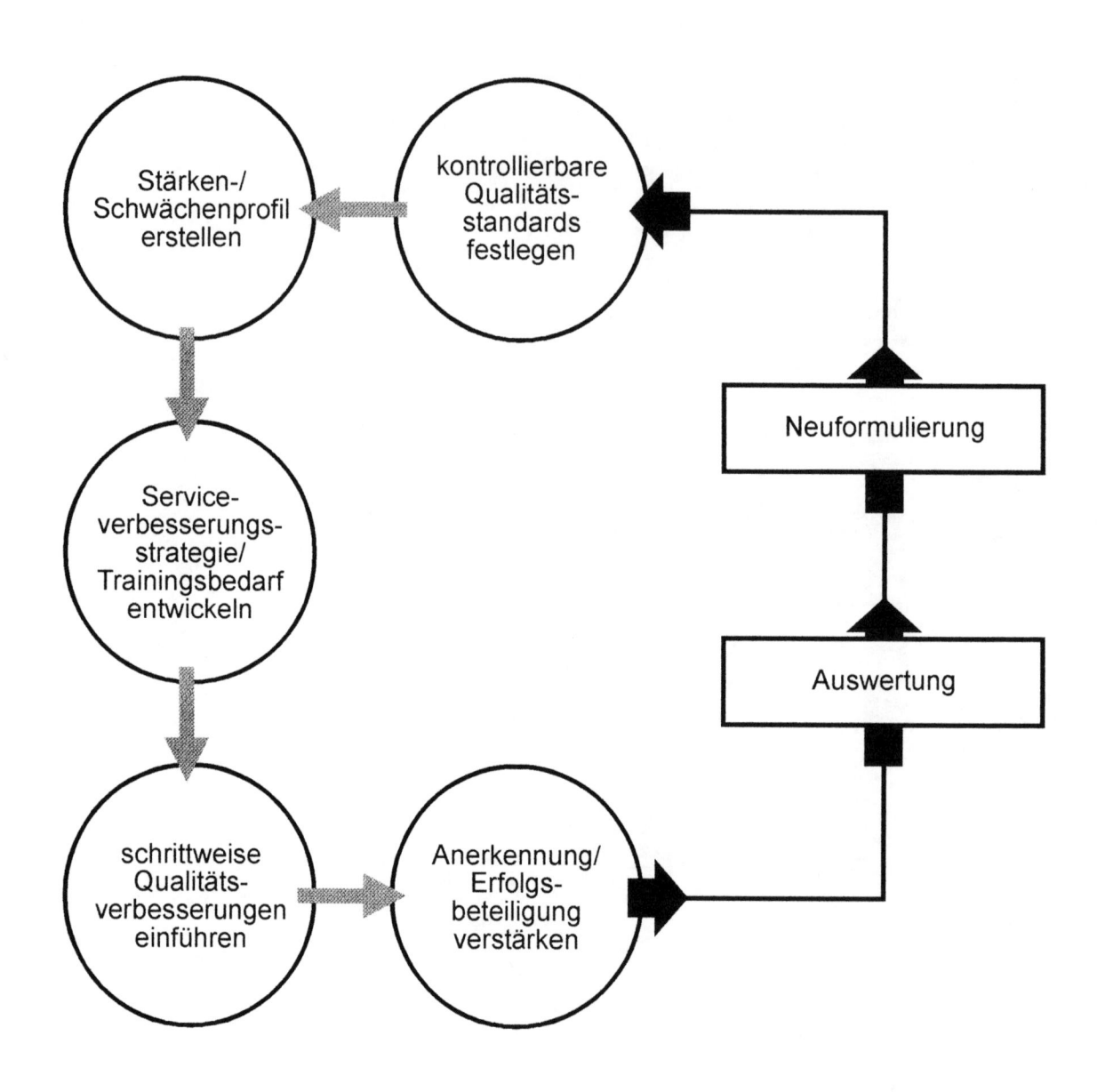

- kontrollierbare Qualitätsstandards festlegen
- Stärken-/Schwächenprofil erstellen
- Serviceverbesserungsstrategie/ Trainingsbedarf entwickeln
- schrittweise Qualitätsverbesserungen einführen
- Anerkennung/ Erfolgsbeteiligung verstärken
- Auswertung
- Neuformulierung

VII. Integriertes Qualitätssicherungskonzept

Kostet mehr Qualität mehr Geld? Müssen wir Produktivität opfern, um Qualität zu verbessern? Auf nichts reagiert das Hotelmanagement wohl so hellhörig wie auf Geld.

Produktivität und Qualität im Dienstleistungsgewerbe hängen eng miteinander zusammen.

Die Praxis zeigt: Bemühungen um Qualitätsverbesserungen steigern fast überall die Arbeitsproduktivität!

Mitarbeiter merken den direkten Bezug zwischen verbesserter Dienstleistungsqualität und ihrer eigenen Arbeitsqualität. Viele Ideen zu Qualitätsverbesserungen für den Gästeservice beinhalten Arbeitserleichterungen und erhöhen die Arbeitsproduktivität dadurch automatisch.

Qualität und Produktivität verstärken einander. Qualität kostet also nichts. Sie wird einem nicht geschenkt, aber sie kostet nichts.

Integriertes Qualitätssicherungskonzept

Qualitätssicherung in Hotellerie und Gastronomie erreicht man nicht durch Einzelaktionen. Erfolgversprechend ist ein integriertes System, das stufenmäßig in einer Art Kreislauf nie zum Stillstand kommt.

Die folgenden fünf Schritte sind voneinander abhängig; jede einzelne Stufe ergänzt und verstärkt den Erfolg der anderen:

    1. Schritt: kontrollierbare Qualitätsstandards festlegen

                      –

    2. Schritt: Stärken- /Schwächenprofil erstellen

                      –

    3. Schritt: Serviceverbesserungsstrategie/ Trainingsbedarf entwickeln

                      –

    4. Schritt: schrittweise Qualitätsverbesserungen einführen

                      –

    5. Schritt: Anerkennung/Erfolgsbeteiligung verstärken

Die Möglichkeiten, den Gästeservice zu verbessern, hören nicht auf. Qualität ist nicht mehr gleichzusetzen mit Luxus und persönlichem Service. Es kommt auf die Qualitätserwartungen der Gäste an. So existiert Qualität auf jeder gastgewerblichen Ebene – von der einfachen Gaststätte bis hin zum Gourmettempel.

Ohne Zweifel wirkt der individuelle Qualitätsgrad als Marketinginstrument des Betriebes in seinem vergleichbarem Niveau als stärkste Produkt- und Dienstleistungsdifferenzierung. Sind einmal die Produktverbesserungen der Hotellerie auf der „Hardware-Seite" mit Luxusetagen, Fitneß-Center etc. ausgeschöpft, so wird zukünftig die „Softwareseite" – der Service und die Haltung und Einstellung der Mitarbeiter zum Gast – eine immer bedeutendere Rolle spielen.

1. Schritt: kontrollierbare Qualitätsstandards festlegen

Qualitätsstandards definieren, „wie" und „auf welchem Niveau" eine Dienstleistung zu erbringen ist. Hier helfen keine vagen Vorstellungen, sondern nur genau festgelegt Details. Dienstleistungsqualität entsteht durch eine Kombination von fachlicher Kompetenz (Verfahren) und positiver Einstellung (Verhalten) der Mitarbeiter. Qualitätsdetails müssen in beiden Bereichen spezifiziert werden.

> *Ein Beispiel für „Verfahren am Hotelempfang":*
> *Bei der Aufnahme von Weckrufen muß deutlich die Zimmernummer, die gewünschte Uhrzeit wiederholt und dem Gast namentlich eine „Gute Nacht" gewünscht werden.*

Besonders genau ist das Verhalten des Gastkontaktpersonals zu erfassen.

> *Beispiel „Verhalten am Telefon":*
> *Mitarbeiter mit Telefonkontakt bringen mit ihrer Stimme stets Freundlichkeit, Enthusiasmus, Wärme, Identifikation und Überzeugung zum Ausdruck!*

Erwünschte Dinge treten nur ein, wenn sie geplant wurden; unerwünschte Dinge stellen sich von allein ein.

Wenn das Hotelmanagement keine offiziellen Qualitätsstandards festlegt, dann wählen sich die Mitarbeiter ihre eigenen – und zwar jeder andere. Qualitätssicherung bedeutet Vorbeugung und nicht nachträgliche Überprüfung. Hoteliers und Gastronomen sollten daher stets als "Fehlervorbeuger" agieren und nicht nur nachträglich überprüfen, warum die Qualität auf der Strecke geblieben ist.

Vorgegebene Qualitätsstandards müssen eindeutig, verständlich, fehlerfrei und von vornherein richtig sein.

2. Schritt: Stärken-/Schwächenprofil erstellen

Erst nach sorgfältiger Festlegung der Qualitätsstandards für alle Gastkontaktbereiche des Hotels (Empfang, Telefon, Restaurantservice, Bar- und Bankettservice etc.) kann das gegenwärtige Qualitätsniveau in den einzelnen Hotelbereichen bewertet werden. Mit einem Stärken-/Schwächenprofil für die jeweilige Verfahrens- und Verhaltensseite werden in einer Art Schwachstellenanalyse die wichtigsten Qualitätsprobleme erkannt und gewichtet.

In der Praxis hat es sich bewährt, zunächst eine Selbsteinschätzung der betroffenen Mitarbeiter vornehmen zu lassen. Schon allein das bloße Aufzeigen unserer Schwächen im Detail steigert die Aufmerksamkeit und Feinfühligkeit für Qualitätsprobleme.

Da beide Seiten (Verfahrenstechnik und Verhaltenseinstellung) pro Abteilung aus der Sicht des Gastes bewertet werden, läßt sich in einem 100-Punkte-Verfahren mit einem Koordinatenkreuz der gegenwärtige, durchschnittliche Qualitätsstil als „Qualitätsbox" visualisieren und dient später als Ausgangs- und Vergleichsbasis. Diese Analyse zeigt die Differenz auf, die zwischen gewolltem und tatsächlichem Qualitätsservice besteht.

Definiert man Qualität als Erfüllung von Anforderungen, so müssen für die Mitarbeiter alle Voraussetzungen dafür, die Rahmenbedingungen und ein Höchstmaß an Unterstützung seitens des Managements gewährleistet sein. Der Qualitätssicherungsprozeß darf sich nicht nur an die unterste Unternehmensebene – den einfachen Mitarbeiter – richten. Die Direktion mit den Abteilungsleitern muß sich selbst hundertprozentig für alle Qualitätsprobleme verantwortlich fühlen.

3. Schritt: Serviceverbesserungstrategie/Trainingsbedarf entwickeln

Häufig auftretende Qualitätsprobleme anhand des Stärken-/ Schwächenprofils sind in einer Prioritätenskala zu gewichten. Ein Qualitätsproblem existiert immer dann, wenn zwischen tatsächlichem und gewünschtem Geschehen (Qualitätsstandards) eine Diskrepanz besteht. Jedes einzelne Problem muß sorgfältig analysiert, mehrere Lösungsmöglichkeiten gegenübergestellt und der optimale Lösungsweg gefunden werden. Wie kann der Service verbessert werden? Überprüfen Sie, ob wirklich so wie bisher gearbeitet werden muß.

Keine Serviceleistung im Gastgewerbe ist nur negativ; vielleicht läßt sich durch die Verstärkung der positiven Faktoren das Qualitätsniveau des speziellen Gästeservice verbessern. Um möglichst viele Ideen zur Problembewältigung berücksichtigen zu können, sei an dieser Stelle auf die verschiedenen „Brainstorming-Verfahren" und vor allen Dingen auf das Kreativitäts- und Problemlösungspotential der „Qualitätszirkel" verwiesen.

Nach herkömmlichen Vorstellungen erreicht man Qualität durch Kontrolle. Qualitätsüberprüfung vollzieht sich aber immer im Nachhinein und ist wenig geeignet, Qualität zu erzeugen. Der eigentliche Sinn von Kontrollmaßnahmen ist es, Probleme zu erkennen und für immer aus der Welt zu schaffen.

Das Stärken-/Schwächenprofil auf der Basis festgelegter Qualitätsstandards darf keineswegs als „Mängelliste" zur permanenten Kritik seitens des Management genutzt werden. Mißtrauen und Widerstand gegenüber dem Qualitätssicherungsprozeß würden die Folge sein. Auf der Grundlage der erkannten Stärken und Schwächen gilt es im nächsten Schritt eine Serviceverbesserungsstrategie zu entwickeln.

Zu den Bestimmungsfaktoren der optimalen Lösung zählen Kosten, Flexibilität, Zeitbedarf bei der Durchführung, Integration in den bisherigen Gästeservice sowie Verständnis und Einverständnis bei allen Mitarbeitern.

Die Entwicklung einer Serviceverbesserungstrategie bedingt in den meisten Fällen ein Überdenken des Trainingsbedarfes – eine Schwerpunktbildung bei den Schulungsmaßnahmen. Es muß ein einheitliches Qualitätsverständnis geschaffen werden, sonst verwirklicht jeder Mitarbeiter seine eigenen Qualitätsvorstellungen. Gezieltes Training ist eine Prozeß, der allen dazu verhilft, gemeinsame Qualitätsbegriffe zu entwickeln und die Rolle jedes einzelnen im Qualitätsverbesserungsprozeß richtig einzuschätzen.

Bei den Schulungsmaßnahmen geht es nicht allein um die Vermittlung neuer Techniken, sondern vielmehr um Einsicht, Wertmaßstäbe, um einen Wandel der inneren Einstellung hin zur Qualitätsprache des Betriebes.

Das beste Training ist die Praxis. Aber wie ein Orchester vor seinem Publikumsauftritt reichlich Gelegenheit hat zu üben, so müssen auch Mitarbeiter der Hotellerie und Gastronomie unter „Ausschluß der Gäste" Trainingsmöglichkeiten zu harmonischem Qualitätsservice erhalten. Das hochgepriesene „on the job training" der Branche darf Gäste nicht zu „Versuchskaninchen" degradieren.

4. Schritt: schrittweise Qualitätsverbesserungen einführen

Erst jetzt – nach dem dritten Schritt – ist die Grundlage für ein integriertes Qualitätskonzept geschaffen. Nur wenn die Führungsmannschaft der Hotellerie geschlossen daran geht, die Unternehmenskultur mit dem Qualitätsbewußtsein zu ändern, können schrittweise Qualitätsverbesserungen eingeführt werden. Viele Widerstände gilt es zu überwinden. Oft wird Qualität nur als neues Programm und nicht als Prozeß betrachtet.

Alle Qualitätsbemühungen zielen häufig nur auf den einfachen Mitarbeiter ab; das ungeduldige Management will sofort sichtbare Erfolge. Jedes noch so gut gemeinte Qualitätssicherungskonzept ist jedoch zum Scheitern verurteilt, wenn die grundlegenden Gefahren und Probleme bei der Einführung außer acht gelassen werden.

Sicherlich wird es niemanden geben, der gegen Qualität ist und Mißstände vorzieht. Kündigen sie aber Qualitätsmaßnahmen an, werden Sie auf Widerstand stoßen. Es ist Tatsache, daß die meisten Menschen Veränderungen gegenüber negativ eingestellt sind. Wenn man sich daran gewöhnt hat, Dinge in einer bestimmten Art und Weise zu erledigen und sie in dieser Form schon für eine längere Zeit ausgeführt hat, ist man grundsätzlich nicht bereit, einer Veränderung zuzustimmen. Es sei denn, man wird dazu gezwungen oder ist aufrichtig davon überzeugt, die Veränderung würde eine Verbesserung zum eigenen Vorteil bringen. Mancher faßt schon deshalb einen Verbesserungsvorschlag von einem Außenstehenden als persönliche Kritik auf, weil er einfach selbst nicht an diese Verbesserungsmöglichkeit gedacht hat.

Qualität beginnt bei den Mitarbeitern. Betriebliche Veränderungen setzen Systematik voraus:

- umfassende Information von Beginn an
- miteinbeziehen und Anteilnahme aller Mitarbeiter
- schrittweises Vorgehen und Flexibilität bei der Einführung

Im Grunde steht und fällt alles mit der Einstellung zu Qualitätsverbesserungen. Durch Mitwirkungsmöglichkeiten und totale Information bei geplanten Veränderungen kann die Sensibilität für Qualitätsprobleme gefördert und Zustimmung für Veränderungen gebildet werden. Mit der Methode der kleinen Schritte, der Bereitschaft neue Ideen gelten zu lassen, muß man bereit sein, Qualitätsinstrumente flexibel einzusetzen. Qualität kann nicht mit der Brechstange des Managements von oben nach unten verkündet werden. Qualitätssicherung in Hotellerie und Gastronomie ist eine Reise und kein abrufbarer Zustand.

5. Schritt: Anerkennung und Erfolgsbeteiligung verstärken

Im letzten Schritt des Qualitätskonzeptes geht es um die dauerhafte Beibehaltung und Sicherung der eingeführten Qualitätsrichtlinien. Menschen arbeiten nicht für Unternehmen, sie arbeiten für Menschen. Allen Führungskräften muß bewußt werden, welche Auswirkung ihr persönliches Beispiel – ihr tägliches Vorbild – auf das gesamte Qualitätssicherungskonzept hat.

Qualitätsverbesserungen im Gastgewerbe können auf Dauer nur überleben, wenn die entsprechende Anerkennung und Erfolgsbeteiligung der Mitarbeiter erfolgt. Bargeld oder finanzielle Auszeichnungen sind für eine wirksame Anerkennung nicht persönlich genug. Allzu schnell verfällt man wieder in den alten Trott, wenn nichts geschieht, um einen bei der „Qualitätsstange" zu halten.

Viele Hotelgesellschaften verwenden all ihre Zeit, um nach neuen Qualitätskonzepten Ausschau zu halten, und setzen wenig Zeit daran, **ihr** Qualitätssicherungskonzept auch auf Dauer durchzusetzen.

Nur positive Konsequenzen ermuntern zu guten Qualitätsleistungen in der Zukunft. Produktivität im Sinne von Qualitätsdienstleistungen ist das Produkt aus Leistungsvermögen (Kompetenz) der Mitarbeiter multipliziert mit Motivation. Nur wer sich selbst gut findet und fühlt, leistet auch qualitativ gut.

Man sagt:

Nicht ausgesprochene Anerkennung ist vorenthaltener Lohn!

„Feedback" als Leistungsinformation – wie erfolgreich arbeiten wir mit dem neuen Qualitätssicherungskonzept? – wirkt als Verstärker und hilft Anfangserfolge bei Serviceverbesserungen zu festigen. Identifikation und gesteigerte Leistungsbereitschaft läßt sich nur für gemeinsam besprochene und realistisch vereinbarte Qualitätszielsetzungen erreichen. Regelmäßig durchgeführte Gästebefragungen zeigen, wie verbesserte Dienstleistungen vom Gast angenommen werden.

Hier schließt sich auch der Kreislauf des Qualitätssicherungskonzeptes. Detaillierte Auswertungen aus der Sicht des Gastes werden langfristig wieder zu Neuformulierungen der Qualitätsstandards führen. Das Qualitätsbewußtsein unserer Gäste ändert sich mit der Zeit, und wir müssen die Qualitätserlebnisse für die Gäste ändern.

VIII. Umorientierung im Dienstleistungsgeschäft der Hotellerie und Gastronomie

VIII. Umorientierung im Dienstleistungsgeschäft der Hotellerie und Gastronomie

Ein guter Standort, ein schlüssiges Marketingkonzept mit einfallsreichen Verkaufsförderungsmaßnahmen und sorgfältige Kostenkontrollen allein sind heute keine Garantien mehr für ein erfolgreiches gastronomisches Unternehmen. Jahrzehntelang hat man auch im Gastgewerbe versucht, industrielle Methoden der Fertigung von Massengütern auf den Dienstleistungsbereich zu übertragen. So sind in der Gastronomie Fast-Food-Ketten entstanden mit der Geschäftsstrategie schneller Service, wenige Produkte mit gleichbleibender Qualität, saubere Räume, standardisierte Produktionsverfahren und Rationalisierung vom Einkauf über die Produktion bis hin zum Verkauf. Bis zum Ende der 80er Jahre ging die Erfolgsformel für diese Art von Massenproduktion auf. Das „Fließbanddenken" brachte Wachstum und Rendite, stellte aber die echt verstandene Dienstleistung für den Gast an die zweite Stelle. Wie die Professoren Schlesinger und Heskett mit ihrem Beitrag im Harvard Business Review „,The Service-Driven' Service Company"[17] anhand mehrerer Dienstleistungsbetriebe eindrucksvoll nachweisen, ist mit dem alten industriellen Denken ein schlechter Service auf lange Sicht vorgegeben.

In Hotellerie und Gastronomie entscheidet das Mehr oder Weniger an Gastzufriedenheit über den Erfolg. Ob Gäste wiederkommen oder gar zu Stammgästen werden, hängt zum größten Teil von dem uneingeschränkten Interesse, dem Dienstleistungsgefühl, der zwischenmenschlichen Geschicklichkeit qualifizierter Mitarbeiter mit Gastkontakt ab. Wie oft hat ein normaler Gast in der größeren Hotellerie und Gastronomie schon tatsächlich Kontakt mit der gut ausgebildeten und hochqualifizierten Führungsmannschaft? Er sieht doch oft nur den Hoteldiener, den Empfangsmitarbeiter, das Zimmermädchen und den Kellner – Kontakt mit den am niedrigsten bezahlten, unmotiviertesten, ja meist gleichgültigen Mitarbeitern. Um wieviel besser würde der Service wohl sein, wenn der Gast von der Empfangschefin, der Hausdame, dem Food & Beverage Manager oder gar vom Generaldirektor begrüßt und mit einem hochmotivierten Serviceteam betreut werden könnte?

Die branchenübliche Praxis, den Gast mit den am schlechtesten bezahlten Mitarbeitern zu bedienen, gehört der Vergangenheit an. Zahlreiche Marktuntersuchungen bestätigen, daß mehr als zwei Drittel der Gäste einen gastronomischen Betrieb deshalb wechseln, weil sie den Service als schlecht oder das Verkaufspersonal als unqualifiziert und gleichgültig empfinden. Dienstleistung und persönlicher Service lassen sich auch beim mechanischen Check-in- und Check-out-Verhalten am kalten Bild-

---

[17] Vgl. Schlesinger/Heskett, "The Service-Driven" Service Company, S. 56ff.

schirm des Empfangscomputers nicht verwirklichen. Vielleicht hat sich das Management allzu einseitig um die „Hardware" des Betriebes und seiner Küchenproduktion bemüht. Gäste bemängeln nicht die Qualität des Essens, sondern den schlechten Service. Der Fehlerkreislauf erscheint vorprogrammiert: Mit dem Service unzufriedene Gäste sowie unterbezahlte und unmotivierte Mitarbeiter an der „Gastfront" erzielen bei hoher Mitarbeiter- und Gästefluktuation sinkende oder stagnierende Umsätze und Gewinne bei niedriger Produktivität. Weiß das Management eigentlich, was es kostet, Gäste und Mitarbeiter zu halten oder zu verlieren?

Je mehr kalte Technik bei der Abwicklung von Dienstleistungen Anteil hat, desto wichtiger werden für die Gäste der persönliche Kontakt, das gastzentrierte Gespräch und das Sich-Einfühlen in die Gästewünsche. Der Arbeitsschwerpunkt des Managements muß sich von der Verwaltung und Produktion („hinter den Kulissen") auf die Dienstleistung, auf die direkte Bedienung der Gäste, verlagern. Es ist an der Zeit, daß einige Hotels und Restaurants ihr Dienstleistungskonzept radikal umstellen. Ein System muß entwickelt werden, bei dem zufriedene Gäste im Zentrum aller Managementüberlegungen stehen. Bei einem immer schwieriger werdenden Markt heißt die Antwort nicht noch mehr Werbung und Verkaufsförderungsideen, sondern mehr professioneller Service mit neuem Dienstleistungsverständnis. Nur die fähigsten, motiviertesten und bestbezahlten Mitarbeiter als „Dienstleistungsverkäufer" können erstklassigen Service garantieren. Das Management muß sich um alle Gastkontaktmitarbeiter ganz besonders bemühen. Nicht nur sollte alle Aufmerksamkeit darauf gerichtet werden, wo sich Gäste und Mitarbeiter im Betrieb begegnen, sondern vor allen Dingen darauf, wie sich der Gastkontaktmitarbeiter serviceorientiert und einfühlsam auf die unterschiedlichsten Erwartungssituationen des Gastes einzustellen vermag.

Servicemanagement konzentriert die Unterstützung an der Gastfront. Jede Investition in den Gastservicebereich wirkt sich auf langfristiger Basis für den gastronomischen Betrieb wertschöpfend aus. Durch besseren Service entsteht ein Wertzuwachs, der sich auch auf die Mitarbeiterakquisition auswirkt: Qualifizierte und erfahrene Mitarbeiter bewerben sich bei Betrieben mit einem bekannt hohen Servicestandard. Modelle für die Mitarbeiterbeteiligung am Erfolg eines Unternehmens vermindern ebenso wie Aufstiegschancen und Fortbildungsprogramme die oft als nur branchenüblich gewertete hohe Fluktuation bei allen Gastkontaktpositionen.

Umorientierung bedeutet, daß die Qualitätsdimension „Service an der Gastfront" die erste Priorität beim Management verdient. Effizienter Qualitätsservice läßt sich mit unmotivierten Mitarbeitern und unzufriedenen

Gästen nicht mehr leisten. Alles muß auf den Service hin ausgerichtet werden. Sicherlich gibt es nicht nur eine erfolgreiche Strategie, um von alten Denkweisen und Praktiken loszukommen. Nur mit einer durchlässigen Organisation lassen sich gastzentrierte Entscheidungen vom Top-Management bis hin zur untersten Ebene durchsetzen. Dienstleistungen werden von Menschen erbracht, die mit positiver Arbeitseinstellung auch ihr Bestes geben wollen.

Die folgenden Charakterisierungen des „industriellen Dienstleistungsdenkens" und die Umorientierung auf „serviceorientiertes Management" sollen den Hotelier und Gastronomen nachdenklich stimmen, um im Spiegel der eigenen Leistungen eine individuelle Servicekonzeption maßschneidern zu können.

Fehlerkreislauf: Schlechter Service in der Gastronomie

Ein starres, standardisiertes Angebot garantiert einen hohen Rationalisierungsgrad im Produktions- und Küchenbereich. Narrensichere Arbeitsabläufe ermöglichen den Einsatz von billigem und ungeschultem Personal. Der Schwerpunkt der Investitionen liegt in der Technik, im Produktionsbereich; der Gastkontaktbereich liegt an zweiter Stelle. Die schnelle Austauschbarkeit der Verkaufspositionen zeigt sich in der Gleichgültigkeit und im Desinteresse gegenüber den Gästen. Man übt keinen Beruf aus, sondern hat nur vorübergehend einen schlecht bezahlten Job und ist auch sofort bereit zu wechseln, wenn etwas Lukrativeres in Sicht ist. Die hohe Mitarbeiterfluktuation in derartigen Betrieben senkt weiterhin den Motivationsgrad auf diesen Verkaufspositionen. Die im Service nahezu „abgefertigten Gäste" wandern dann ab, wenn sie ein abwechslungsreiches, größeres gastronomisches Angebot wählen können und vor allen Dingen zum gleichen Preis einen besseren Service erfahren.

Es kommt langfristig bei diesen beschriebenen Betriebstypen zu Umsatz- und Gewinneinbußen. Das Management reagiert in der Regel mit noch mehr Marketingmaßnahmen: mehr Werbung und Sonderangebote zu Preisen, die die Gewinnsituation weiter aushöhlen. Bei Stagnation und rückläufigem Geschäft wird gleichzeitig die Kostenschraube angedreht. Rationalisierungsmaßnahmen finden weitgehend auf dem Personalsektor statt; Personalanpassungsmaßnahmen an die geringer werdende Kapazitätsauslastung können die Folge sein. Die volle technische Standardisation im Küchenbereich erlaubt nur eine geringe Flexibilität bei der Angebotsgestaltung.

Nur ein Umdenken zum „serviceorientierten Management" kann diesen Fehlerkreislauf durchbrechen.

Nachteile des „industriellen Dienstleistungsdenkens"

(1) Industrielle Massenfertigung im Küchenbereich verhindert flexibles Reagieren auf die Gästenachfrage und fördert ein starres, standardisiertes Angebot.

(2) Der Fließbandeffekt läßt ein variables Eingehen auf individuelle Gästewünsche nicht zu.

(3) Technik wird vorwiegend eingesetzt und genutzt, um Mitarbeiter einzusparen, nicht aber, um sie an der Verkaufsfront zu unterstützen und zu fördern.

(4) Das Überbetonen des rationellen Produktionsprozesses mit dessen Kontrollmaßnahmen und Standardisationen läßt den persönlichen Kontakt zum Gast in den Hintergrund treten.

(5) Ein gastronomisches Betriebssystem, das seinen Mitarbeitern wenig oder keinen Ermessens- oder Beurteilungsspielraum gewährt, stagniert im Serviceniveau und kann den individuell unterschiedlichen Gästeerwartungen nicht entgegenkommen.

(6) Beim „industriellen Dienstleistungsdenken" steht die Qualität des Bedienungs- und Verkaufspersonals an zweiter Stelle. Zunehmend stagnierende oder gar rückläufige Umsätze und Gewinne sind die Folge.

(7) Die Behandlung der Gäste, der direkte Verkauf, alle Dienstleistungen an der Gastfront werden möglichst vereinfacht und schmalspurig gehalten, so daß sie von jedermann auszuführen sind.

(8) Führungskräfte fühlen sich für kurzfristige Gewinne ihrer Abteilungen verantwortlich und nicht für langfristige Unternehmenserfolge.

(9) Die Schaffung von verantwortungslosen „Hilfsarbeiterjobs" führt zu hohem Arbeitsplatzwechsel und damit zu immer geringer werdender Bindung zum Betrieb mit seinen Gästen und zu allgemein sinkender Mitarbeitermotivation.

(10) Die Vernachlässigung des Gastkontakt- und Verkaufspersonals mindert das Dienstleistungsergebnis für den Gast.

(11) Oft schlecht bezahlte Gastkontaktpositionen (Zimmermädchen, Kellner, Empfangspersonal) bieten kaum Aufstiegschancen und werden als vorübergehende Jobs, nicht aber als Lebensberufe gewertet.

(12) Eine langfristige Betreuung von Stammgästen kann bei dem Mitarbeiterwechsel nicht gewährleistet werden, da Verkaufspositionen wie zum Beispiel das Hotelempfangspersonal nur als Einstiegsjobs betrachtet werden.

(13) Die besten Mitarbeiter kündigen, wenn sie in ihrem Arbeitsfeld keine Herausforderung und Aufstiegsmöglichkeiten mit besserer Bezahlung sehen.

(14) Der für diese Branche so „übliche" Arbeitsplatzwechsel kann von Betrieb zu Betrieb, von Stelle zu Stelle bei den unterbezahlten Mitarbeitern zu immer weniger Motivation und Arbeitsfreude führen.

(15) Ungeplante und viel zu geringe Trainings- und Fortbildungsinvestitionen für die Mitarbeiter an der Gastfront werden bei rückläufigen Umsätzen und Gewinnen sofort eingespart.

(16) Bei der Produktion (Küche) scheinen Maschinen und Geräte effizienter, kostengünstiger und produktiver zu sein als menschliche Arbeitskraft. Beim industriellen Denken verläßt sich das Management lieber auf festgelegte Verfahren und Regeln als auf die Eigeninitiative von Mitarbeitern.

(17) „Fließbandservice" erhöht sogar den Kontrollaufwand seitens des Managements, nicht um den Service am Gast zu verbessern, sondern weil man den unausgebildeten, einfachen Hilfskräften nichts zutraut.

(18) Das „industrielle Dienstleistungsdenken" kann keineswegs bewerten, was besserer Service für die Gäste und den Betrieb einbringen könnte; die Kosten der Mitarbeiter- und Gästefluktuation sind unbekannt. Auf die sich verändernden Bedürfnisse und Wünsche der unterschiedlichen Gästegruppen kann nicht flexibel genug reagiert werden.

Vorteile des „serviceorientierten Managements"

(1) Die Schwerpunktverlagerung auf Verkaufs- und Gastkontaktmitarbeiter steigert menschliche Wärme und zwischenmenschliche Geschicklichkeit.

(2) Investitionen in die Mitarbeiter werden wichtiger als Ausrüstungsinvestitionen.

(3) Der Auswahl, Schulung und Bezahlung von Gastkontaktmitarbeitern kommt eine erfolgsentscheidende Bedeutung zu.

(4) Serviceorientiertes Management ermöglicht individuelles Ermessen, selbständige Urteilskraft und menschliche Gewandtheit der Mitarbeiter.

(5) Nur mit zufriedenem, qualifiziertem Verkaufspersonal können auch für die Gäste qualifizierte und erstklassige Dienstleistungen erbracht werden.

(6) Gut ausgebildete und bezahlte Gastkontaktmitarbeiter brauchen weniger Aufsicht, leisten besseren Service, lassen „ihre" Gäste wiederkommen und wechseln weit seltener ihren Arbeitsplatz.

(7) Mitarbeiter in direktem Gastkontakt sind ständig gefordert, fühlen sich eigenverantwortlich für die Gäste und müssen bei Problemen und Gästebeschwerden nicht sofort den direkten Vorgesetzten einschalten.

(8) Serviceorientierung erwartet im Team von jedem einzelnen ein Höchstmaß von Einfühlungsvermögen, Dienstleistungsgefühl und ein hohes fachliches Niveau in bezug auf Verkaufstechniken.

(9) Dienstleistungsorientierung sensibilisiert alle Mitarbeiter für Gästewünsche und das sich ändernde Nachfrageverhalten. Der permanente Feedback zum Management ermöglicht ein schnelles und flexibles Reagieren im Dienstleistungsbereich.

(10) Je geringer der Mitarbeiterwechsel bei den Gastkontakt- und Verkaufspositionen, desto zufriedener zeigen sich Stammgäste; die Beziehung zum Betrieb mit seinen langjährigen Mitarbeitern wird verstärkt.

(11) Neben gezielten Schulungsangeboten gehört das sorgfältige Einstellungsverfahren für begeisterungsfähige, selbständige, teamfähige Mitarbeiter zur Personalpolitik des Betriebes. Es wird alles getan, um die Fluktuation bei Mitarbeitern mit Gastkontakt zu senken.

(12) Betriebe, die sich einem neuen Dienstleistungsverständnis verschrieben haben, wissen bei der Einstellung ihrer neuen Gastkontaktmitarbeiter, wer zu ihnen paßt und welche menschlichen Eigenschaften der neue Mitarbeiter mit ins Serviceteam einbringen muß. Es werden nur Mitarbeiter eingestellt, die auch mit Freude und Begeisterung für hervorragenden Service sorgen wollen.

(13) Mitarbeiter lernen, wie Gäste zu denken, und können mit den Augen des Gastes sehen, um entsprechenden Service zu leisten.

(14) Im Schwerpunkttraining für Führungskräfte werden die Bereiche Leistungsmanagement, Teambildung, Gästepsychologie, Kommunikation, Führung, Motivation und Unterstützung von Mitarbeitern geschult. Training wird als Mittel zur Steigerung der Wettbewerbsfähigkeit gewertet.

(15) Serviceverbesserungen werden nur dann möglich, wenn Führungskräfte selbst die Qualität des Service am Gast erleben. Mit Informationen aus erster Hand können sie dann ihre Mitarbeiter unterstützen, um Serviceprobleme zu lösen.

(16) Die oft gut geschulten Abteilungsleiter aus allen Bereichen müssen viel mehr ihrer Arbeitszeit an der Gastfront einsetzen. Weitgehende Befreiung von unproduktiven Verwaltungsarbeiten ermöglichen die Unterstützung bei den Serviceleistungen direkt am Gast.

(17) Begabte und motivierte Gastkontaktmitarbeiter brauchen weniger Kontrolle und Anweisungen; vielleicht lassen sich Positionen des Mittelmanagements wie Etagenhausdamen, Stationsoberkellner, Assistenten im Empfangsbereich u.v.a. einsparen, um fähige und verantwortungsbewußte Mitarbeiter mit Gastkontakt besser bezahlen zu können.

(18) In Betrieben mit serviceorientiertem Management kontrollieren Führungskräfte neue Kennzahlen wie zum Beispiel die Kosten der Gästefluktuation, die Leistungssteigerung bei der Dienstleistungsqualität, die Zufriedenheitsgrade der Gästegruppen in allen Gastkontaktbereichen, die Beziehung zwischen Schulungsmaßnahmen und der Mitarbeiterfluktuation, die Rentabilität von Trainingsinvestitionen in die Mitarbeiterentwicklung, die Relation zwischen Gästezufriedenheit und Mitarbeiterfluktuationsrate, Marketingkosten für einen neuen Gast, die Kosten des Arbeitsplatzwechsels pro Abteilung, Deckungsbeitragssteigerungen bei Stammgästen, Trainingsaufwand pro Mitarbeiter u.a. m.

(19) Leistungsgerechte Entlohnungsformen sind für alle Mitarbeiter und nicht nur für Führungskräfte als Anreizsysteme einzuführen.

(20) Wenn der Service im Mittelpunkt steht, wird das entsprechende Betriebssystem flexibel – jederzeit der sich ändernden Nachfrage anpaßbar – um die Gastkontaktbereiche herum ausgeformt.

(21) Serviceorientiertes Management betreibt keine Politik der kurzfristigen Gewinnmaximierung einzelner Hotelbereiche, sondern führt das Unternehmen langfristig zum Erfolg. Besserer Service als Wettbewerbsstrategie verstärkt die differenzierte Marktpositionierung.[18]

---

[18] Vgl. Biehal, Lean Service, S. 36.

Literaturverzeichnis

Biehal, Franz (Hrsg.), Lean Service – Dienstleistungsmanagement der Zukunft für Unternehmen und Non-Profit-Organisationen, Bern/Stuttgart 1993

Bösenberg, Dirk/**Metzen**, Heinz, Lean Management – Vorsprung durch schlanke Konzepte, Landsberg am Lech 1992

Brodrisch, Karin, Schlüssel zum Erfolg? Lean Production: Beispiele aus der Automobilindustrie, in: IHK-Magazin Oldenburgische Wirtschaft, Heft 12/93, S.30-34

Bruce, Chew, W., No-Nonsense Guide to Measuring Productivity, in: Harvard Business Review Nr. 1, Jan./Feb. 1988

Creaserva, S. A. (Hrsg.), Unternehmerbrief für die Hotellerie, Saint Prex 1985

Crosby, P. B., Qualität ist machbar, Hamburg 1986

Garvin, David A., Die acht Dimensionen der Produktqualität, in: Harvard Manager, 18.Jg., Nr. 3/1988, S.66-74

Groth, U., **Kammel**, A., 13 Stolpersteine vor dem schlanken Unternehmen, in: Harvard Business Manager Nr. 1, 15. Jg. 1993

Hentschel, Bert, Die Messung wahrgenommener Dienstleistungsqualität mit SERVQUAL - eine kritische Auseinandersetzung. Diskussionsbeiträge der wirtschaftswissenschaftlichen Fakultät Ingoldstadt, Nr. 3 (o.J.)

Höhler, G., Spielregeln für Sieger, Düsseldorf 1992

Ihde, G.B., Grundlagen der Rationalisierung, Berlin 1970

Keller, Manfred, Betriebliche Wertschöpfung, in: Der Betrieb, 26.Jg., Nr. 6/1973, S. 289-291

Kirstges, Torsten, Management von Tourismusunternehmen, München 1994, S. 188-190

Kropfberger, Dietrich, Lean Management und strategische Konsequenzen für die Unternehmensführung, CESCE-Konferenz, Wien, Juni 1993, Vortragsunterlagen S. 7.

Lindemann, F., Rationalisierung, in: Management Enzyklopädie, Bd.8, S. 80-84, Landsberg am Lech 1984

Pompl, Wilhelm, Schlank und fit – die Geheimnisse des Lean Managements. Stromlinienförmig aus der Krise, in: touristic management Nr. 4/93, S. 12 - 20.

Pfeiffer, W., **Weiß**,E., Lean Management, Berlin 1992

Schaetzing, Edgar E., Checklisten für das Hotel- und Restaurant Management, 3. Auflg., Landsberg 1991

Schaetzing, Edgar E., Management in Hotellerie und Gastronomie 4. Auflg., Frankfurt am Main 1992

Schaetzing, Edgar E., Qualitätssicherung in Hotellerie und Gastronomie, Stuttgart 1989

Schaetzing, Edgar E., Handbuch Food & Beverage Management, Bd.1 und Bd. 2, 2. Auflg., Frankfurt am Main 1993, 1994

Schaetzing, Edgar E., Qualitätsortientierte Marketingpraxis in Hotellerie und Gastronomie, Stuttgart 1989

Schaetzing, Edgar E., Organisation und Arbeitserleichterungen im Hausdamenbereich der Hotellerie, Frankfurt am Main 1992

Schaffler, R.H., Demand Better Results – and Get Them, in: Harvard Business Review Nr. 2, März/April 1991

Schlesinger, L.A., **Heskett**, J.L., The Service-Driven Service Company, in: Harvard Business Review Nr. 5, Oktober 1991

Staehle, W., Human Resource Management – eine neue Management Richtung in den USA?, in: ZfB 58.Jg., Heft 5 und 6/1988

Witzky, H.K., Practical Hotel-Motel Cost Reduction Handbook, New Jersey 1982